城市轨道交通地下结构防水设计与施工图集

主编：张 勇 贾 逸 张 辉 李代剑
主审：柳 林 范训益 彭 斌 张 立

中国建筑工业出版社

图书在版编目（CIP）数据

城市轨道交通地下结构防水设计与施工图集/张勇等主编. —北京：中国建筑工业出版社，2016.11
ISBN 978-7-112-19656-2

Ⅰ.①城… Ⅱ.①张… Ⅲ.①城市铁路-地下工程-建筑防水-工程施工-图集 Ⅳ.①U239.5-64

中国版本图书馆CIP数据核字（2016）第185019号

责任编辑：胡明安
责任设计：谷有稷
责任校对：王宇枢 张 颖

本书共6章，分别是：基本规定、城市轨道交通明挖法结构防水设计与施工、城市轨道交通矿山法结构防水设计与施工、城市轨道交通盾构法结构防水设计与施工、相关防水材料供应商及技术资料简介、城市轨道交通地下结构防水工程实例。本书以图文的形式介绍城市轨道交通地下结构防水工程的设计和施工方法。图集介绍的技术既有传统的方法，也有目前正推广使用的新技术。

本书可供从事于城市轨道交通防水设计、施工等人员使用，也是指导城市轨道交通工程防水施工的主要参考资料。

城市轨道交通地下结构防水设计
与施工图集
主编：张 勇 贾 逸 张 辉 李代剑
主审：柳 林 范训益 彭 斌 张 立

*

中国建筑工业出版社出版、发行（北京西郊百万庄）
各地新华书店、建筑书店经销
霸州市顺浩图文科技发展有限公司制版
环球东方（北京）印务有限公司印刷

*

开本：787×1092毫米 横1/16 印张：14¾ 字数：432千字
2016年11月第一版 2016年11月第一次印刷
定价：**45.00**元
ISBN 978-7-112-19656-2
（29157）

版权所有 翻印必究
如有印装质量问题，可寄本社退换
（邮政编码100037）

本书编委会

主编：张　勇　贾　逸　张　辉　李代剑

主审：柳　林　范训益　彭　斌　张　立

参编：张小勇　袁　杰　崔　强　丁红军　冯景伟　周　伟　张　凯　李国强　郑　骥　刘长玉
　　　张忠强　李建鹏　王　强　田振国　梅文俊　谭木荣　张彦彬　魏茂铎　倪建勇　夏　烈
　　　王　冠　曾振铧　樊剑男　胡盛斌　覃文杰　钟火弟　孙拓东　刘　民　何　翔　李建虎
　　　李世军　范　波　冯科军　周雄威　黄　厚　张秦梅　邓少文　王　刚　苏　明　罗方正
　　　程　敏　王五洋　柳　伟　丁少华　王　强　周山君　罗　亭　周志强　张永焕　南佳忻
　　　符　敏　陈　伦　苏守一　胡丹枫　胡龙光　朱东剑　周洪刚　李久旺　郑仕发　马　彪
　　　常学峰　杨玉娴　叶明辉　苏兆峰　张保华　宿明辉　闫俊然　李丛林　曹连鹏

单位：中国建筑股份有限公司

　　　中国市政工程西北设计研究院有限公司

　　　上海市隧道工程轨道交通设计研究院

　　　南宁轨道交通集团有限公司

前　言

目前，随着我们国家轨道交通工程事业的快速发展，对轨道交通施工防水设计与施工质量要求越来越高，为进一步规范轨道交通工程防水设计与施工水平，中国建筑股份有限公司南宁轨道交通2号线项目经理部依托项目防水设计、施工成功经验，组织长期从事于防水设计与施工的专业技术人员，编写了《城市轨道交通地下结构防水设计与施工图集》。本图集的编写旨在提高轨道交通工程防水设计与施工质量，可供从事于城市轨道交通防水设计、施工等相关专业人员使用，也是指导城市轨道交通工程防水施工的主要参考资料。

本图集在编制过程中得到中国建筑股份有限公司相关领导的大力支持，在此一并表示感谢，同时由于时间有限，图集难免有不当或错误之处，恳请大家批评指正。

张辉

2016年7月6日

目 录

1 基本规定

1.1 防水设计原则及等级标准 2
    FS1-1   防水设计原则及等级标准 2

1.2 防水设计与结构施工形式的关系 3
    FS1-2（一）   防水设计与结构施工形式的关系（一）................................ 3
    FS1-2（二）   防水设计与结构施工形式的关系（二）................................ 4
    FS1-2（三）   防水设计与结构施工形式的关系（三）................................ 5
    FS1-2（四）   防水设计与结构施工形式的关系（四）................................ 6

2 城市轨道交通明挖法结构防水设计与施工

2.1 概述 8
    FS2-1   明挖法结构防水概况 8

2.2 混凝土结构自防水 9
    FS2-2（一）   混凝土结构自防水（一）................................ 9
    FS2-2（二）   混凝土结构自防水（二）................................ 10
    FS2-2（三）   混凝土结构自防水（三）................................ 11
    FS2-2（四）   混凝土结构自防水（四）................................ 12
    FS2-2（五）   混凝土结构自防水（五）................................ 13

2.3 混凝土结构耐久性 14
    FS2-3（一）   混凝土结构耐久性（一）................................ 14
    FS2-3（二）   混凝土结构耐久性（二）................................ 15
    FS2-3（三）   混凝土结构耐久性（三）................................ 16
    FS2-3（四）   混凝土结构耐久性（四）................................ 17

2.4 接缝防水 18
    FS2-4（一）   明挖法结构接缝防水概况（一）................................ 18
    FS2-4（二）   明挖法结构接缝防水概况（二）................................ 19
    FS2-5（一）   一级防水横向垂直施工缝防水示意图（一）................................ 20
    FS2-5（二）   一级防水横向垂直施工缝防水示意图（二）................................ 21
    FS2-5（三）   一级防水横向垂直施工缝防水示意图（三）................................ 22
    FS2-5（四）   一级防水横向垂直施工缝防水示意图（四）................................ 23
    FS2-5（五）   一级防水横向垂直施工缝防水示意图（五）................................ 24
    FS2-5（六）   一级防水横向垂直施工缝防水示意图（六）................................ 25
    FS2-6（一）   二级防水横向垂直施工缝防水示意图（一）................................ 26
    FS2-6（二）   二级防水横向垂直施工缝防水示意图（二）................................ 27
    FS2-6（三）   二级防水横向垂直施工缝防水示意图（三）................................ 28
    FS2-6（四）   二级防水横向垂直施工缝防水示意图（四）................................ 29
    FS2-7   一级防水纵向水平施工缝防水示意图 30
    FS2-8   二级防水纵向水平施工缝防水示意图 31
    FS2-9（一）   变形缝防水示意图（一）................................ 32
    FS2-9（二）   变形缝防水示意图（二）................................ 33
    FS2-9（三）   变形缝防水示意图（三）................................ 34
    FS2-9（四）   变形缝防水示意图（四）................................ 35
    FS2-10   诱导缝防水示意图 36
    FS2-11   诱导缝排水槽布置意图 37
    FS2-12（一）   接缝防水材料断面构造图（一）................................ 38
    FS2-12（二）   接缝防水材料断面构造图（二）................................ 39
    FS2-13（一）   接缝防水材料材质说明（一）................................ 40
    FS2-13（二）   接缝防水材料材质说明（二）................................ 41
    FS2-14（一）   中埋式止水带施工说明（一）................................ 42
    FS2-14（二）   中埋式止水带施工说明（二）................................ 43

FS2-14（三）	中埋式止水带施工说明（三）	44
FS2-14（四）	中埋式止水带施工说明（四）	45
FS2-15	外贴式止水带施工说明	46
FS2-16	止水胶、注浆管施工说明	47
FS2-17	防水密封带施工说明	48

2.5 外防水层设计与施工 ······ 49

FS2-18（一）	涂料防水层的选择及材质说明（一）	49
FS2-18（二）	涂料防水层的选择及材质说明（二）	50
FS2-18（三）	涂料防水层的选择及材质说明（三）	51
FS2-19（一）	卷材防水层的选择及材质说明（一）	52
FS2-19（二）	卷材防水层的选择及材质说明（二）	53
FS2-20	膨润土防水毯的选择及材质说明	54
FS2-21（一）	外防水层施工说明（一）	55
FS2-21（二）	外防水层施工说明（二）	56
FS2-22	复合式衬砌车站外防水层构造	57
FS2-23	复合式衬砌区间外防水层构造	58
FS2-24	叠合式衬砌车站外防水层构造	59
FS2-25	复合式衬砌区间外防水层构造	60
FS2-26	放坡开挖车站外防水层构造	61
FS2-27	放坡开挖区间外防水层构造	62

2.6 细部节点防水 ······ 63

FS2-28	涂料防水层阴阳角细部节点	63
FS2-29（一）	卷材防水层细部节点（一）	64
FS2-29（二）	卷材防水层细部节点（二）	65
FS2-29（三）	卷材防水层细部节点（三）	66
FS2-30（一）	车站与出入口接口防水层过渡构造（一）	67
FS2-30（二）	车站与出入口接口防水层过渡构造（二）	68
FS2-30（三）	车站与出入口接口防水层过渡构造（三）	69
FS2-31（一）	穿墙管防水构造（一）	70
FS2-31（二）	穿墙管防水构造（二）	71
FS2-32	桩头防水节点构造	72
FS2-33（一）	后浇带防水示意图（一）	73
FS2-33（二）	后浇带防水示意图（二）	74
FS2-34	降水井、接地电极防水示意图	75
FS2-35	地下墙接缝、钢筋连接器 防水处理图	76
FS2-36	格构柱防水示意图	77

3 城市轨道交通矿山法结构防水设计与施工

3.1 概述 ······ 79

| FS3-01 | 矿山法结构防水概况 | 79 |

3.2 矿山法结构接缝防水 ······ 80

FS3-02	矿山结构接缝防水措施	80
FS3-03（一）	一级设防环向施工缝防水示意图（一）	81
FS3-03（二）	一级设防环向施工缝防水示意图（二）	82
FS3-03（三）	一级设防环向施工缝防水示意图（三）	83
FS3-03（四）	一级设防环向施工缝防水示意图（四）	84
FS3-04	二级设防环向施工缝防水示意图	85
FS3-05	一级设防纵向施工缝防水示意图	86
FS3-06	二级设防纵向施工缝防水示意图	87
FS3-07（一）	变形缝防水示意图（一）	88
FS3-07（二）	变形缝防水示意图（二）	89
FS3-07（三）	变形缝防水示意图（三）	90
FS3-08	接缝防水材料断面示意图	91
FS3-09	接缝防水材料材质说明	92
FS3-10	中埋式止水带施工说明	93
FS3-11	止水胶与外贴式止水带施工说明	94

3.3 外防水层的设计与施工 ······ 95

FS3-12	矿山法结构外防水层概况	95
FS3-13（一）	外防水层的材质说明（一）	96
FS3-13（二）	外防水层的材质说明（二）	97
FS3-13（三）	外防水层的材质说明（三）	98
FS3-14	外防水层施工基面要求	99
FS3-15	塑料防水板施工说明	100

FS3-16	分区注浆系统施工说明 ············ 101	FS4-03（一）	混凝土结构耐久性（一）············ 126
FS3-17	预铺防水卷材施工要求 ············ 102	FS4-03（二）	混凝土结构耐久性（二）············ 127
FS3-18	喷膜防水层施工要求 ············ 103	FS4-03（三）	混凝土结构耐久性（三）············ 128
FS3-19（一）	矿山法结构外防水层示意图（一）············ 104	FS4-03（四）	混凝土结构耐久性（四）············ 129
FS3-19（二）	矿山法结构外防水层示意图（二）············ 105	FS4-03（五）	混凝土结构耐久性（五）············ 130
FS3-19（三）	矿山法结构外防水层示意图（三）············ 106		

3.4 细部节点防水 ············ 107

4.4 管片接缝防水 ············ 131

FS3-20（一）	塑料防水板细部节点（一）············ 107	FS4-04（一）	管片接缝防水概况（一）············ 131
FS3-20（二）	塑料防水板细部节点（二）············ 108	FS4-04（二）	管片接缝防水概况（二）············ 132
FS3-21（一）	分区注浆系统细部节点（一）············ 109	FS4-05	密封垫沟槽设计 ············ 133
FS3-21（二）	分区注浆系统细部节点（二）············ 110	FS4-06（一）	接缝密封垫材质说明（一）············ 134
FS3-22	预铺防水卷材细部节点 ············ 111	FS4-06（二）	接缝密封垫材质说明（二）············ 135
FS3-23	膨润土防水毯细部节点 ············ 112	FS4-07	接缝密封垫施工说明 ············ 136
FS3-24（一）	车站与出入口接口防水示意图（一）············ 113	FS4-08（一）	衬砌接缝防水示意图（一）············ 137
FS3-24（二）	车站与出入口接口防水示意图（二）············ 114	FS4-08（二）	砌接缝防水示意图（二）············ 138
FS3-25	穿墙管防水示意图 ············ 115	FS4-08（三）	衬砌接缝防水示意图（三）············ 139
FS3-26	接地电极防水示意图 ············ 116	FS4-08（四）	衬砌接缝防水示意图（四）············ 140
		FS4-08（五）	衬砌接缝防水示意图（五）············ 141

3.5 矿山法结构排水 ············ 117

FS3-27	矿山法结构排水说明 ············ 117	FS4-09（一）	接缝密封垫断面形式（一）············ 142
FS3-28（一）	矿山法结构排水示意图（一）············ 118	FS4-09（二）	接缝密封垫断面形式（二）············ 143
FS3-28（二）	矿山法结构排水示意图（二）············ 119	FS4-10	衬砌变形缝防水示意图 ············ 144
		FS4-11	螺孔密封圈防水示意图 ············ 145

4 城市轨道交通盾构法结构防水设计与施工

		FS4-12	管片角部加强措施 ············ 146
		FS4-13（一）	衬砌嵌缝防水（一）············ 147
		FS4-13（二）	初砌嵌缝防水（二）············ 148

4.1 概述 ············ 121

4.5 手孔封堵 ············ 149

FS4-01（一）	盾构法区间防水概况（一）············ 121	FS4-14	手孔封堵概况 ············ 149
FS4-01（二）	盾构法区间防水概况（二）············ 122	FS4-15（一）	手孔封堵材质说明（一）············ 150
		FS4-15（二）	手孔封堵材质说明（二）············ 151

4.2 管片混凝土结构自防水 ············ 123

FS4-02（一）	混凝土管片自防水（一）············ 123	FS4-16	手孔封堵施工说明 ············ 152
FS4-02（二）	混凝土管片自防水（二）············ 124		

4.6 出洞防水装置 ············ 153

FS4-02（三）	混凝土管片自防水（三）············ 125	FS4-17（一）	出洞防水装置概况（一）············ 153

4.3 混凝土结构耐久性 ············ 126

FS4-17（二）	出洞防水装置概况（二）············ 154

FS4-18	插板式出洞防水装置示意图	155
FS4-19	铰链式出洞防水装置示意图	156
FS4-20	双道铰链式出洞防水装置示意图	157
FS4-21	双圆盾构出洞防水装置示意图	158
FS4-22	后浇混凝土洞圈防水示意图	159

4.7 管片外防水涂层 160
FS4-23　管片外防水涂层 160

4.8 联络通道及泵房防水 161
FS4-24　联络通道及泵房防水概况 161
FS4-25　联络通道防水示意图 162
FS4-26　联络通道及泵房防水示意图 163
FS4-27（一）　联络通道细部节点防水图（一） 164
FS4-27（二）　联络通道细部节点防水图（二） 165
FS4-28　联络通道及泵房内防水示意图 166

5 相关防水材料供应商及技术资料简介

5.1 钠基膨润土防水毯 168
FS5-1（一）　膨润土防水毯相关技术资料（一） 168
FS5-1（二）　膨润土防水毯相关技术资料（二） 169
FS5-1（三）　膨润土防水毯相关技术资料（三） 170
FS5-1（四）　膨润土防水毯相关技术资料（四） 171
FS5-1（五）　膨润土防水毯相关技术资料（五） 172
FS5-1（六）　膨润土防水毯相关技术资料（六） 173
FS5-1（七）　膨润土防水毯相关技术资料（七） 174

5.2 现浇轻质泡沫混凝土 175
FS5-2（一）　现浇轻质泡沫混凝土相关技术资料（一） 175
FS5-2（二）　现浇轻质泡沫混凝土相关技术资料（二） 176
FS5-2（三）　现浇轻质泡沫混凝土相关技术资料（三） 177

5.3 金雨伞 CPS 反应粘湿铺防水卷材 178
FS5-3（一）　CPS反应粘湿铺防水卷材技术资料（一） 178
FS5-3（二）　CPS反应粘湿铺防水卷材技术资料（二） 179
FS5-3（三）　CPS反应粘湿铺防水卷材技术资料（三） 180
FS5-3（四）　CPS反应粘湿铺防水卷材技术资料（四） 181
FS5-3（五）　CPS反应粘湿铺防水卷材技术资料（五） 182
FS5-3（六）　CPS反应粘湿铺防水卷材技术资料（六） 183
FS5-3（七）　CPS反应粘湿铺防水卷材技术资料（七） 184

5.4 BST 非固化橡胶沥青防水涂料 185
FS5-4（一）　非固化橡胶沥青防水涂料技术资料（一） 185
FS5-4（二）　非固化橡胶沥青防水涂料技术资料（二） 186

5.5 反应性丁基橡胶腻子钢板止水带 187
FS5-5（一）　反应性丁基橡胶腻子钢板止水带技术资料（一） 187
FS5-5（二）　反应性丁基橡胶腻子钢板止水带技术资料（二） 188
FS5-5（三）　反应性丁基橡胶腻子钢板止水带技术资料（三） 189

6 城市轨道交通地下结构防水工程实例

6.1 上海轨道交通 17 号线工程 191
FS6-1（一）　上海轨道交通 17 号线（一） 191
FS6-1（二）　上海轨道交通 17 号线（二） 192
FS6-1（三）　上海轨道交通 17 号线（三） 193
FS6-1（四）　上海轨道交通 17 号线（四） 194
FS6-1（五）　上海轨道交通 17 号线（五） 195
FS6-1（六）　上海轨道交通 17 号线（六） 196
FS6-1（七）　上海轨道交通 17 号线（七） 197

6.2 南宁轨道交通 2 号线工程 198
FS6-2（一）　南宁轨道交通 2 号线（一） 198
FS6-2（二）　南宁轨道交通 2 号线（二） 199
FS6-2（三）　南宁轨道交通 2 号线（三） 200
FS6-2（四）　南宁轨道交通 2 号线（四） 201
FS6-2（五）　南宁轨道交通 2 号线（五） 202
FS6-2（六）　南宁轨道交通 2 号线（六） 203
FS6-2（七）　南宁轨道交通 2 号线（七） 204
FS6-2（八）　南宁轨道交通 2 号线（八） 205

6.3 南昌轨道交通1号线工程 ... 206
FS6-3（一） 南昌轨道交通1号线（一） ... 206
FS6-3（二） 南昌轨道交通1号线（二） ... 207
FS6-3（三） 南昌轨道交通1号线（三） ... 208
FS6-3（四） 南昌轨道交通1号线（四） ... 209
FS6-3（五） 南昌轨道交通1号线（五） ... 210
FS6-3（六） 南昌轨道交通1号线（六） ... 211
FS6-3（七） 南昌轨道交通1号线（七） ... 212
6.4 重庆轨道交通环线工程 ... 213
FS6-4（一） 重庆轨道交通环线（一） ... 213
FS6-4（二） 重庆轨道交通环线（二） ... 214
FS6-4（三） 重庆轨道交通环线（三） ... 215
FS6-4（四） 重庆轨道交通环线（四） ... 216
FS6-4（五） 重庆轨道交通环线（五） ... 217
FS6-4（六） 重庆轨道交通环线（六） ... 218
6.5 苏州轨道交通4号线工程 ... 219
FS6-5（一） 苏州轨道交通4号线（一） ... 219
FS6-5（二） 苏州轨道交通4号线（二） ... 220
FS6-5（三） 苏州轨道交通4号线（三） ... 221
FS6-5（四） 苏州轨道交通4号线（四） ... 222
FS6-5（五） 苏州轨道交通4号线（五） ... 223

1 基本规定

1.1 防水设计原则及等级标准

城市轨道交通的防水设计,应根据气候条件、工程地质和水文地质状况、结构特点、施工方法、使用要求等因素进行,以保证结构的安全、耐久性和使用要求。城市轨道交通工程的防水设计应遵循"以防为主、刚柔结合、多道防线、因地制宜、综合治理"的原则进行设计。当漏水量小于设计要求,且疏排水不会引起周围地面下沉和影响结构耐久性时,可对主体结构内的极少量渗水进行疏排。

应确立钢筋混凝土结构自防水体系,并以此作为主体形成系统工程,即以结构自防水为根本,以诱导缝、施工缝、变形缝等各类接缝防水为重点,辅以附加防水层加强防水。盾构区间采用高精度钢模制作高精度管片,以管片结构自防水为根本,接缝防水为重点,确保隧道整体防水。

地下车站主体结构、出入口通道、机电设备集中区防水等级应为一级,即:不允许渗水,结构表面无湿渍。车站的风道、风井等附属结构,及区间隧道的防水等级应为二级,即:不允许漏水,结构表面可有少量湿渍:总湿渍面积不应大于总防水面积的2/1000;任意100m² 防水面积上的湿渍不超过3处,单个湿渍的最大面积不大于0.2m²;区间隧道还要求平均渗漏量不大于0.05L/(m²·d),任意100m² 防水面积上的渗漏量不大于0.15L/(m²·d)。

漏水量与湿渍量的测定方法:1)用贮水土坝测一昼夜积聚水的方法(如图a所示);2)用尺测量湿渍面积的方法等来推算渗漏量和湿渍面积。湿渍用洒水造湿的方法检测与近似换算,如图b所示,要求洒水造湿的地点应在湿渍附近,且洒水涂抹形成湿渍的潮湿程度与渗入湿渍接近。

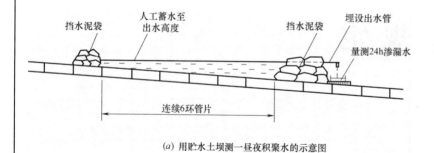

(a) 用贮水土坝测一昼夜积聚水的示意图

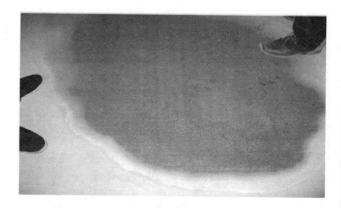

(b) 洒水造湿的检测方法

| 图名 | 防水设计原则及等级标准 | 图号 | FS1-1 |

1.2 防水设计与结构施工形式的关系

结构是防水的根本，而有时局部的防水又可能是整个结构工程成败的关键。防水设计应根据不同工程结构与施工的特点，来选择合适的防水材料及施工工艺。

根据结构施工工法，城市轨道交通地下车站主要分为明挖法车站、矿山法车站；地下区间主要分为明挖法区间、矿矿法区间及盾构法区间。

1. 明挖法是指地下结构工程施工时，从地面向下分层、分段依次开挖，直至达到结构要求的尺寸，然后在基坑中进行主体结构施工和防水作业，最后回填恢复地面的施工工法。其具有施工简单、快捷、经济、安全等优点，但对周边环境影响较大。明挖法地铁车站及区间通常设有围护结构，防止基坑开挖后边坡坍塌，影响周边环境。根据围护结构与内衬结构之间的关系，明挖法结构可分为：

（1）复合式衬砌结构，即：围护结构与内衬密贴，并作为内衬的外模。此类构造形式采用"外防内贴"的方式施做侧墙防水层。即：将结构外防水层贴覆于围护结构内侧，待浇筑结构混凝土后自然与结构结合的防水层施作方法。

（2）叠合式衬砌结构，即：围护结构与内衬密贴且采用接驳器等相连，形成"两墙合一"的整体受力结构。此类构造形式侧墙不设柔性外防水层。

（3）分离式衬砌结构及放坡开挖结构，即：围护结构与内衬分离或无围护结构，此类构造形式对外防水层基本无影响，既可"外防内贴"施工，也可"外防外贴（涂）"施工，即：内衬结构施工完成后，在结构外侧施做外防水层。

（4）单层衬砌结构，即：围护结构同时充当结构侧墙，此类构造形式无法设置侧墙柔性防水层，其渗漏情况完全取决于地下墙施工质量，由于地下墙的混凝土完全为水下浇筑，且施工期间成槽质量存在大量的不确定因素，因此施工质量十分难控制。目前国内已基本不再采用单层衬砌结构形式。

明挖法轨道交通车站与区间防水设计的内容应包括：混凝土结构自防水、外包防水层设计、接缝防水设计、其他细部节点防水设计等。

复合式衬砌明挖结构如图（a）所示；叠合式衬砌明挖结构如图（b）所示；放坡开挖明挖结构如图（c）所示；单层衬砌明挖结构如图（d）所示。

(a) 复合式衬砌明挖结构

(b) 叠合式衬砌明挖结构

| 图名 | 防水设计与结构施工形式的关系（一） | 图号 | FS1-2（一） |

(c)放坡开挖明挖结构

(d)单层衬砌明挖结构

2. 矿山法是一种较传统的施工方法，即在围岩预支护条件下，进行全断面或者分步开挖土体，根据不同地质情况采用锚喷或钢拱架加喷射混凝土结构作为洞室的初期支护，然后再采用模板台车施做二次衬砌，两者共同承受永久荷载。该工法工艺简单、灵活，无需大型设备，在变截面地段尤为适宜，施工时对道路交通及地下管线基本无干扰。该工法适用范围较广，尤其是区间隧道大都穿越市中心，沿线街道狭窄，建筑物密集，交通繁忙，地下管线密布，当明挖法施工对市民生活、城市环境影响大，此时可采用矿山法施工地下车站或区间隧道。该工法在国内地铁建设中得到较好应用，它适应了城市地下工程周围环境复杂、地质条件较差、埋深浅、地面沉降控制严格及结构防水要求高等特点。

矿山法车站及区间通常在初期支护和二次衬砌之间采用"外防内帖"的方式设置全包或局部外包柔性防水层，该防水层既起到防水功效，又起到内外衬之间的隔离功效。在受到实际工况限制、无法施作夹层防水层的特殊情况下，也可以在二衬混凝土背水面施作刚性防水层。

矿山法轨道交通车站与区间防水设计的内容包括混凝土结构自防水及耐久性设计、夹层防水层设计、接缝防水设计以及根据不同水压工况所需的排水设计等。

矿山法结构模板台车施工二衬现场照片见图（a）；地铁矿山法车站现场照片见图（b）；地铁矿山法区间现场照片见图（c）。

(a)矿山法结构模板台车施工二衬现场照片

(b)地铁矿山法车站现场照片

(c)地铁矿山法区间现场照片

| 图名 | 防水设计与结构施工形式的关系（二） | 图号 | FS1-2（二） |

3. 盾构法是指采用盾构掘进机全断面开挖,由高精度钢模制成的高精度管片拼装而成作为衬砌支护的隧道。该工法适用于各种复杂的工程地质和水文地质条件,施工中对道路交通及地下管线基本无干扰,盾构的推进、出土、拼装衬砌等全过程可实现自动化作业,施工劳动强度低。盾构法轨道交通区间防水设计的内容包括混凝土管片自防水设计、衬砌接缝防水设计、嵌缝及手孔封堵设计、出洞装置及后浇混凝土洞圈防水设计等。

盾构法隧道本体不设置柔性防水层,纯粹靠管片混凝土自防水,但当隧道位于中等以上腐蚀的地层中时,宜在管片迎水面设置刚性防水层。

盾构法隧道按管片拼装形式,可分为通缝和错缝两种。从设计角度看,错缝拼装(见图 a)能使衬砌圆环接缝刚度分布趋于均匀,减少结构变形,可取得较好的空间刚度,采用通缝拼装,见图 (b),其变形相对较大,环向螺栓受力大。从施工角度看,错缝拼装对管片制作精度及施工中管片拼装要求较高,相对来说通缝拼装施工难度小。

(a) 通缝拼装的盾构隧道

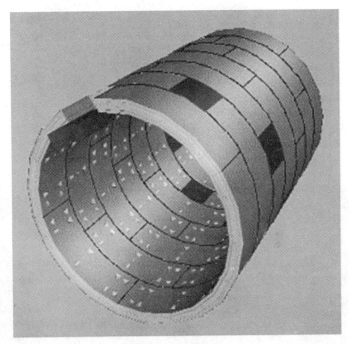

(b) 错缝拼装的盾构隧道

| 图名 | 防水设计与结构施工形式的关系(三) | 图号 | FS1-2(三) |

国内地铁盾构区间大部分采用单洞单线外径6200mm或6600mm的小断面构造形式；对于一些城市中心区段，上海等地曾采用过双圆盾构隧道，其横断面为两个搭接的圆环，一次性可掘进两条隧道，从而提高了施工速度，减小了隧道对沿线地面建筑物的影响；上述两种断面形式受车站等线路影响，其埋深一般不会超过35m。随着城市的不断扩展，地铁线路不断延伸，一些过江盾构区间也开始出现单洞双线的大直径超深埋地铁盾构隧道。防水设计时应根据不同的衬隧道断面形式、结构埋深、环境要求、地质条件等因素，采取相应的防水措施。

单洞单线外径6200mm盾构区间见图(a)；南京地铁大直径超深埋过长江盾构区间（单洞双线）见图(b)；上海地铁双圆盾构区间见图(c)；双圆盾构区间海鸥块见图(d)。

(a) 单洞单线外径6200mm盾构区间

(b) 南京地铁大直径超深埋过长江盾构区间(单洞双线)

(c) 上海地铁双圆盾构区间

(d) 双圆盾构区间海鸥块

| 图名 | 防水设计与结构施工形式的关系（四） | 图号 | FS1-2（四） |

2　城市轨道交通明挖法结构防水设计与施工

2.1 概述

城市轨道交通明挖法结构包括明挖法车站及明挖法区间，防水设计应以混凝土结构自防水为根本，变形缝、施工缝、诱导缝等接缝防水为重点，辅以外包防水层，确保结构整体防水。明挖法结构防水设计的内容应包括：混凝土结构自防水及耐久性、接缝防水设计、外包防水层设计等。

明挖法结构的永久结构混凝土均应采用防水混凝土。参与永久受力的围护结构的混凝土也应采用防水混凝土。

应根据结构构造形式、防水等级、周边环境、水头压力、腐蚀情况等采用全包防水或局部外包防水。明挖结构构造形式包括：放坡开挖式结构、分离式衬砌结构、复合式衬砌结构、叠合式衬砌结构等。除叠合衬砌结构外，其余结构构造形式均应采用全包防水设计。明挖结构道外防水层宜以防水涂料、防水卷材及膨润土防水毯等为主，特殊部位及环境要求下也可采用塑料防水板及金属防水板等。防水卷材施工照片见图（a），膨润土防水毯施工照片见图（b），防水涂料施工照片见图（c）。

(a) 防水卷材施工照片

(b) 膨润土防水毯施工照片

(c) 防水涂料施工照片

图名	明挖法结构防水概况	图号	FS2-1

2.2 混凝土结构自防水

2.2.1 一般规定

1. 城市轨道交通地下明挖结构均应采用防水混凝土。防水混凝土应通过调整配合比或掺加外加剂、掺和料等措施配制而成，强度不得低于C35。
2. 防水混凝土的施工配合比应通过试验确定，抗渗等级应比设计要求提高一级（0.2MPa）。
3. 防水混凝土应根据需要设定混凝土的强度、抗渗、抗冻、耐磨和抗侵蚀等要求。
4. 在寒冷、侵蚀环境中的隧道工程，防水混凝土的抗冻等级不得低于F300。
5. 城市轨道交通工程明挖结构防水混凝土的设计抗渗等级，应符合表2.2-1的规定。

防水混凝土的抗渗等级　　　表2.2-1

结构埋置深度(m)	设计抗渗等级
$h<20$	P8
$20 \leq h<30$	P10
$30 \leq h$	P12

2.2.2 混凝土自防水措施

1. 防水混凝土的配合比设计应符合以下规定：
1) 胶凝材料总量不得小于320kg/m^3；
2) 砂率不宜低于35%；
3) 水胶比宜小于0.50，且不得大于0.55；
4) 掺用引气剂的防水混凝土，其含气量宜控制在3%～5%；
5) 防水混凝土的泌水量不得大于3ml/mm^2。

2. 防水混凝土结构底板的垫层强度不应低于C15，厚度不应小于150mm。

3. 防水混凝土结构，应符合下列规定：
1) 结构厚度不应小于250mm；
2) 迎水面裂缝宽度不得大于0.2mm，背水面裂缝宽度不得大于0.3mm，并不得贯通；
3) 迎水面钢筋保护层厚度不应小于40mm。

4. 特殊工程地段及抗渗等级较高的现浇混凝土，可采用掺入复合型抗裂防水剂与矿物掺合料，以提高混凝土的抗裂性、密实性及防水性。复合型抗裂防水剂应符合《砂浆、混凝土防水剂》JC 474、《混凝土膨胀剂》GB 23439等标准的规定。

5. 防水混凝土可根据工程抗裂需要掺入钢纤维或合成纤维，钢纤维及合成纤维应符合《纤维混凝土应用技术规程》JGJ/T 221的规定要求。

6. 防水混凝土中各类材料的总碱量（Na_2O当量）不得大于3kg/m^3。

7. 新拌混凝土硬化后，实测混凝土中的氯离子含量对于钢筋混凝土不应超过胶凝材料总量的0.06%。

2.2.3 防水混凝土施工过程控制

（1）搅拌

1) 混凝土原材料应严格按照施工配合比要求进行准确称量，称量最大允许偏差应符合下列规定（按重量计）：胶凝材料（水泥、掺合料等）±1%；外加剂±1%；骨料±2%；拌合用水±1%。

2) 搅拌时间不宜少于2min，也不宜超过3min。

图名	混凝土结构自防水（一）	图号	FS2-2（一）

3）炎热季节或寒冷季节搅拌混凝土时，必须采取有效措施控制原材料温度，以保证混凝土的入模温度满足规定。

4）混凝土搅拌站现场照片见图（a）

(a)防水混凝土搅拌站现场照片

（2）运输

1）应采取有效措施，保证混凝土在运输过程中保持均匀性及各项工作性能指标不发生明显波动。

2）应对运输设备采取保温隔热措施，防止局部混凝土温度升高（夏季）或受冻（冬季）。应采取适当措施防止水分进入运输容器或蒸发。

（3）浇筑

1）混凝土入模前，应采用专用设备测定混凝土的温度、坍落度、含气量、水胶比及泌水率等工作性能；只有拌合物性能符合设计或配合比要求的混凝土方可入模浇筑。混凝土的入模温度一般宜控制在5～28℃。

2）混凝土浇筑时的自由倾落高度不得大于2m；当大于2m时，应采用滑槽、串筒、漏斗等器具辅助输送混凝土，保证混凝土不出现分层离析现象。

3）混凝土的浇筑应采用分层连续推移的方式进行，间隙时间不得超过90min，不得随意留置施工缝。

4）新浇混凝土与邻接的已硬化混凝土或岩土介质间浇筑时的温差不得大于15℃。

5）防水混凝土浇筑现场照片见图（a）。

(a)防水混凝土浇筑现场照片

（4）振捣

1）可采用插入式振动棒、附着式平板振捣器、表面平板振捣器等振捣设备振捣混凝土。振捣时应避免碰撞模板、钢筋及预埋件。

2）采用插入式振捣器振捣混凝土时，宜采用垂直点振方式振捣。每点的振捣时间以表面泛浆或不冒大气泡为准，一般不宜超过30s，避免过振。若需变换振捣棒在混凝土拌合物中的水平位置，应首先竖向缓慢将振捣棒拔出，然后再将振捣棒移至新的位置，不得将振捣棒放在拌合物内平拖。

| 图名 | 混凝土结构自防水（二） | 图号 | FS2-2（二） |

3) 防水混凝土振捣现场照片见图(b)。

(a) 防水混凝土侧墙挂湿土工布养护

(b) 防水混凝土振捣现场照片

(5) 养护

1) 混凝土终凝后的持续保湿养护时间不小于14d。

2) 在任意养护时间，淋注于混凝土表面的养护水温度低于混凝土表面温度时，两者间温差不得大于15℃。

3) 混凝土养护期间应注意采取保温措施，防止混凝土表面温度受环境因素影响（如暴晒、气温骤降等）而发生剧烈变化。养护期间混凝土的芯部与表层、表层与环境之间的温差不宜超过20℃。

4) 混凝土养护期间，应对有代表性的结构进行温度监控，定时测定混凝土芯部温度、表层温度以及环境气温、相对湿度、风速等参数，并根据混凝土温度和环境参数的变化情况及时调整养护制度，严格控制混凝土的内外温差满足要求。防水混凝土侧墙挂湿土工布养护照片见图(a)，顶板蓄水养护照片见图(b)。

(b) 防水混凝土顶板蓄水养护照片

| 图名 | 混凝土结构自防水（三） | 图号 | FS2-2（三） |

（6）质量检验控制

除施工前严格进行原材料质量检查外，在混凝土施工过程中，应对混凝土的以下指标进行检查控制：

1) 混凝土拌合物：水胶比、坍落度、含气量、入模温度、泌水率、匀质性。

2) 硬化混凝土：标准养护试件抗压强度、同条件养护试件抗压强度、抗渗性、电通量等。

2.2.4 清水混凝土

出于景观效果、施工工期、节省地下空间、满足行车限界等多方面因素考虑，近年来无需装饰层的清水混凝土在地下明挖隧道以及城市轨道交通工程中逐步得到应用。由于清水混凝土侧墙不设任何内装饰层，地铁运营后一旦结构出现渗漏水，便会直接反映在无装饰面层遮挡的侧墙上。为避免上述情况的发生，要求清水混凝土必须具有高抗渗性和高耐久性，以满足防水等级要求。

深圳地铁清水混凝土墙面照片见图（a）。

(a) 深圳地铁清水混凝土墙面现场照片

| 图名 | 混凝土结构自防水（四） | 图号 | FS2-2（四） |

对于施工进度要求非常高、浇筑面积非常大的清水混凝土，其模板的选择是非常重要的。如果采用传统的小钢模加对拉螺栓固定，既不能满足工期要求，又不能满足清水混凝土表面的建筑效果要求，同时对拉螺栓还会成为结构渗漏的隐患。为了解决上述问题，清水混凝土通常采用大型定型钢模板施工，以满足施工要求。

四川明挖水下隧道大型钢模板施工照片见图（a），无锡明挖隧道大型钢模板施工照片见图（b）。

(a) 四川明挖水下隧道大型钢模板施工照片

(b) 无锡明挖隧道大型钢模板施工照片

图名	混凝土结构自防水（五）	图号	FS2-2（五）

2.3 混凝土结构耐久性

2.3.1 一般规定

1. 城市轨道交通地下明挖结构耐久性设计的技术路线应根据预先确定的钢筋混凝土结构耐久性设计要求的环境类别和环境作用等级，采取相应措施。
2. 采用合理的结构构造，便于施工、检查和维护，减少环境因素对结构的不利影响。
3. 对钢筋混凝土施工过程的质量控制提出要求。
4. 对于局部区段可能出现的腐蚀环境条件下的钢筋混凝土结构，除了对混凝土本身提出严格的耐久性要求外，还应提出可靠的附加耐久性措施。
5. 耐久性设计的总体要求
    (1) 选择合理的结构形式和有利于结构抗裂、防渗和耐久性的构造要求，并充分考虑到运营期间荷载变化和结构变形的影响。
    (2) 选用质量稳定并有利于混凝土抗裂、防渗性能的水泥、矿粉、粉煤灰等混凝土基本原材料。
    (3) 适当降低混凝土的水胶比和单方混凝土用水量，在混凝土中掺加矿粉、粉煤灰等矿物掺合料，使用聚羧酸系列减水剂。
    (4) 适当增加钢筋混凝土结构的保护层厚度。
    (5) 新施工的混凝土结构物要及时得到保湿养护，并保证有足够的养护时间。
    (6) 应针对地下车站侧墙、顶板等易出现开裂、渗水现象的部位，从结构设计、材料设计、施工技术和施工管理等方面采取抗裂、防渗措施。
    (7) 所有结构预埋件、连接件应有防止锈蚀、确保其耐久性的可靠措施。

2.3.2 环境类别及环境作用等级

明挖法结构混凝土耐久性环境类别的划分及环境作用等级应符合《混凝土结构耐久性设计规范》GB/T 50476 的规定。

2.3.3 混凝土原材料要求

1. 混凝土所使用的水泥，应符合下列规定：
    (1) 在不受侵蚀性介质和冻融作用时，宜采用普通硅酸盐水泥、硅酸盐水泥、火山灰质硅酸盐水泥、粉煤灰硅酸盐水泥、矿渣硅酸盐水泥；
    (2) 当防水混凝土中掺入粉煤灰、粒化高炉矿渣粉、硅灰等活性矿物掺合料时，宜采用普通硅酸盐水泥或硅酸盐水泥；
    (3) 在受侵蚀性介质作用时，应按介质的性质选用相应的水泥；
    (4) 在受冻融作用时，应选用普通硅酸盐水泥。

2. 活性矿物掺合料的技术性能指标应符合下列要求：
    (1) 粉煤灰应满足国家标准《用于水泥和混凝土中的粉煤灰》GB/T 1596 中Ⅰ级或Ⅱ级粉煤灰的技术性能指标要求，强度等级高于 C60 的防水混凝土宜选用Ⅰ级粉煤灰；
    (2) 粒化高炉矿渣粉应符合国家标准《用于水泥和混凝土中的粒化高炉矿渣粉》GB/T 18046 的技术性能指标要求；
    (3) 硅灰应符合《砂浆和混凝土用硅灰》GB/T 27690 的技术性能指标要求。

3. 混凝土粗细骨料应符合以下规定：
    (1) 粗骨料宜采用连续级配，其最大粒径不宜大于 40mm，含泥量不得大于 0.7%，泥块含量不得大于 0.3%；泵送时其最大粒径应为输送管径的 1/4；吸水率不应大于 1%；不得使用碱活性骨料，其他要求应符合《建设用卵石、碎石》GB/T 14685 的规定。

图名	混凝土结构耐久性（一）	图号	FS2-3（一）

(2) 细骨料宜采用中砂，含泥量不得大于3.0%，泥块含量不得大于1.0%。其要求应符合《建设用砂》GB/T 14684的规定。

4. 拌制混凝土所用的水，应符合《混凝土用水标准》JGJ 63的规定。

5. 防水混凝土可根据工程需要掺入减水剂、膨胀剂、防水剂、密实剂、引气剂、复合型外加剂等，外加剂的品种和掺量应经试验确定，外加剂的质量应符合国家现行有关标准的规定。

2.3.4 结构设计构造要求

1. 所有结构接缝处应采取抗裂防渗的加强措施，防止渗漏。

2. 设计采用的混凝土保护层的最小厚度是指混凝土构件外表面到最外排钢筋（主筋、分布筋、架立筋或箍筋）表面的最短距离，除地下连续墙外，保护层厚度施工允许偏差＋5～＋10mm，其中柱梁取10mm，板墙取5mm，若不符合要求，应做补救措施。为确保保护层精度，垫块和垫块布置必须有专门设计。

3. 工程的设计使用年限为100年时，不能使用冷加工钢筋作为受力钢筋，同样直径≤6mm的钢筋也不能作为受力钢筋。

4. 在钢筋混凝土构件中有部分长度暴露在外的吊环或紧固件、连接件等金属部件应采取附加防护措施使之在使用阶段与空气隔离。

5. 对地下车站结构各层楼板与侧墙接界处，为确保混凝土施工密实性，要求竖向钢筋外沿净距不小于50mm（有接驳器区段的混凝土的粗骨料粒径d不大于25mm）。

2.3.5 结构构造要求

1) 现浇钢筋混凝土结构不得出现贯穿裂缝，其在荷载作用下横向裂缝宽度控制宜按表2.3-1执行。

2) 施工缝、变形缝（及诱导缝）等各类接缝的设置应尽量避开可能遭受最不利环境作用的部位，并应有专项的抗裂防水设计。

地下工程钢筋混凝土构件裂缝宽度限值表　　表2.3-1

环境等级	环境作用等级	最大裂缝宽度限值(mm)
Ⅰ（一般环境）	A	0.3
	B	0.3
	C	0.2

3) 各类环境作用等级下的结构保护层厚度应符合《混凝土结构耐久性设计规范》GB/T 50476的要求。

2.3.6 施工要求

(1) 高性能混凝土配合比必须经有资质的单位试配，出具检验报告，汇总至施工组织设计，经上报批准后方可应用。

(2) 施工单位在结构内衬墙（或二衬）施工前，应及时对围护结构（或初衬）进行堵漏，堵漏的效果应满足《地下防水工程质量验收规范》GB 50208—2011的相关要求，并经验收通过后，方可进行内衬墙施工。

(3) 模板立模必须牢靠，要求模板平整、接缝严密，防止跑模漏浆。

(4) 根据季节、气候不同的条件，选择有利于抗裂防渗的时间段进行混凝土浇捣施工。

(5) 对结构工程在渗漏易发部位（如诱导缝、接驳器设置处）必须加强振捣施工以改善混凝土的密实度，同时注意避免跑模、漏浆。

(6) 控制混凝土入模温度，夏季混凝土入模温度不宜高于25℃；冬季混凝土入模温度不宜低于12℃，并需要加强保温保湿措施；混凝土内部温度和外表温差不得大于20℃。

(7) 严格控制混凝土结构的保护层厚度，应采用专门加工的、采用定型生产的钢筋定位垫块或定位夹，提高钢筋施工安装的定位精度。限制使用工地现场制造的垫块，施工图中应标注定位垫块和架设筋的位置与要求。此外，还必须按以下要求执行：

图名	混凝土结构耐久性（二）	图号	FS2-3（二）

1）应采用纤维水泥基垫块，强度不低于C50，尺寸误差±1mm，垫块间距50d（钢筋直径）且不大于1000mm，并呈梅花形设置。

2）监理人员要把保护层厚度作为重点检查内容之一，重复检查，浇筑混凝土前和浇筑过程中都应检查。

3）施工验收时的实测保护层厚度应有95％以上的保证率。钢筋保护层定位垫块照片见图（a）。

(a) 钢筋保护层定位件照片

转角处高强度垫块设置示意图，见图（b）。

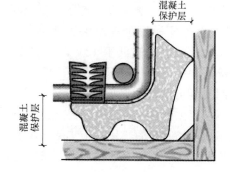

(b) 转角处高强度垫块设置示意图

(8) 加强混凝土的早期养护和全过程养护，特别要做好内衬侧墙混凝土的早期养护工作，养护工作要严格按照设计要求予以保证。有抗裂、防渗要求的双掺混凝土结构的潮湿养护不得少于14天。当气温低于0℃时，要及时覆盖新浇筑混凝土，采取保温加热措施，使混凝土不受冻害。

(9) 混凝土结构未达到设计规定强度及养护时间时，严禁提前拆模。

(10) 混凝土结构出现渗漏后，宜在冬季进行堵漏施工。

(11) 钢筋混凝土结构的开裂程度、渗漏水情况及修复情况应反映在工程技术档案中，并应列入工程验收内容。

2.3.7 混凝土耐久性检测

1. 混凝土原材料检验方法

(1) 碱含量检验方法

1) 水泥碱含量（不大于0.6％），按照《通用硅酸盐水泥》GB 175 检验；

2) 混凝土总碱含量（不大于3.0kg/m³），按照《混凝土碱含量限值标准》CECS53：93 检验；

(2) 骨料，按照《建设用砂》GB/T 14684 和《建设用卵石、碎石》GB/T 14685 检验。

2. 混凝土密实度、抗裂性检验方法

(1) 混凝土耐久性检测范围

1) 确定配合比前，必须进行原材料、混凝土碱含量、混凝土抗裂性和氯离子扩散系数的检测。施工中还应进行混凝土电通量的检测。

2) 采用钢筋保护层测定仪对工程主要混凝土结构或构件的保护层厚度进行测试，取样数量、范围和测试应符合《混凝土结构工程施工质量验收规范》GB 50204 的要求。

| 图名 | 混凝土结构耐久性（三） | 图号 | FS2-3（三） |

3）应按照《地铁杂散电流腐蚀防护技术规程》CJJ 49 中的相关规定进行杂散电流监测，同时应加强对变电所回流点附近的结构外表面和排流网的钢筋极化电压的正向偏移的监测。

3. 混凝土耐久性检测指标与频度见表 2.3-2。

混凝土耐久性检测指标与频度表　　表 2.3-2

结构部位		混凝土密实度				抗碳化性能		抗裂性能	
		电通量 C(库伦)		氯离子扩散系数 (RCM法)($10^{-12}m^2/s$)		快速碳化深度 (cm)		抗裂等级	
		指标值	次	指标值	次	指标值	次	指标值	次
明挖结构	地下连续墙	≤2000	各2	—	—	—	—	L-ⅠV	各1
	顶板、底板	≤2000	各2	≤4		—	—	L-ⅠV	各1
	内衬侧墙	≤2000	各2	≤4	1	—	—	L-ⅠV	各1
	板、梁	≤2000	各2	≤4		—	—	L-ⅠV	各1
排风井		≤2000	1			≤2.0	各1	L-ⅠV	1

备注：1. 混凝土标准养护56d时的电通量值、混凝土氯离子扩散系数（RCM方法，龄期为56d）、混凝土抗裂性能试验方法均参照《普通混凝土长期性能和耐久性能试验方法标准》GB/T 50082；抗裂等级评定依据应按《混凝土耐久性检验评定标准》JGJ/T 193 执行。
2. 上表中氯离子扩散系数检测频度，若几个车站或区间为同一搅拌站、同一混凝土配方，则可只检测一次。
3. 上表所列数值均为参考值，具体指标及频度可根据各地已建轨道交通工程的混凝土耐久性实测数据，进行相应调整。

4. 混凝土结构裂缝和渗水状况的监测

（1）裂缝的常规检测

除了按规定作混凝土抗裂性试验外，首先是现场肉眼观察混凝土表面裂缝，再用光学放大镜测量其宽度，并用图纸描述。必要时采用取芯样检测裂缝的深度。

（2）建立混凝土结构裂缝的全过程监测制度

对混凝土结构的裂缝在竣工前应有"裂缝分布图"外，在运营过程中对结构应定期进行监测，观察裂缝发展。同时，应建立结构的裂缝档案。

（3）对地下结构的渗漏水在竣工前应有"渗漏水平面展开图"，据此进行渗漏水治理。

氯离子扩散系数检测示意图见图（a），氯离子扩散系数检测现场照片见图（b）。

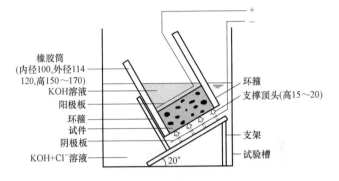

(a) 氯离子扩散系数检测示意图

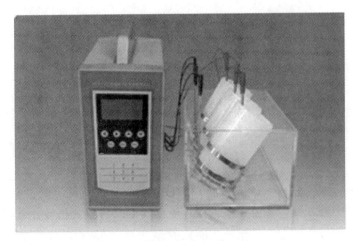

(b) 混凝土氯离子扩散系数检测现场照片

图名	混凝土结构耐久性（四）	图号	FS2-3（四）

2.4 接缝防水

2.4.1 概述

明挖法结构以诱导缝、施工缝、变形缝等接缝防水为重点。诱导缝通常仅设置在车站主体结构，设计间距宜为24m左右；复合衬砌结构的横向垂直施工缝设置间距宜为15m左右，叠合衬砌结构横向垂直施工缝设计间距12m左右。车站主体结构一般不设变形缝，变形缝设于主体结构与附属结构接口处，变形缝处混凝土结构厚度不应小于300mm。明挖法结构各类接缝防水措施可根据工程防水等级，按表2.4-1要求选用。

明挖法结构接缝防水措施表　　　表2.4-1

工程部位	施工缝						后浇带					变形缝（诱导缝）					
防水措施	遇水膨胀止水胶	外贴式止水带	中埋式止水带	外抹防水砂浆	外涂防水涂料	预埋注浆管	补偿收缩混凝土	外贴式止水带	遇水膨胀止水胶	预埋注浆管	防水密封材料	中埋式止水带	外贴式止水带	可卸式止水带	防水密封材料	外贴防水卷材	外涂防水涂料
防水等级 一级	应选2种						应选2种				应选	应选2种					
防水等级 二级	应选1～2种						应选1～2种				应选	应选1～2种					

中埋式钢边橡胶止水带照片见图（a），外贴式橡胶止水带照片见图（b）

(a) 中埋式钢边橡胶止水带

(b) 外贴式橡胶止水带

图名	明挖法结构接缝防水概况（一）	图号	FS2-4（一）

预埋式注浆管照片见图（a），遇水膨胀止水胶及其专用注胶器照片见图（b）；可卸式止水带及其压板照片见图（c）。

(a) 预埋式注浆管

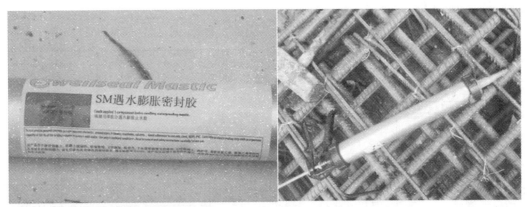

(b) 遇水膨胀止水胶及其专用注胶器

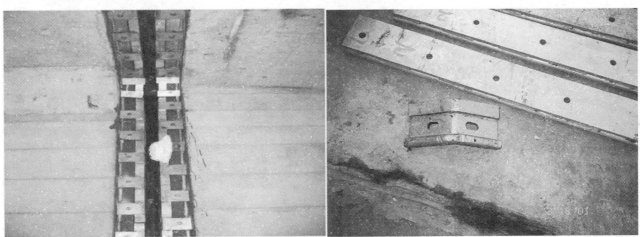

(c) 可卸式止水带及其角部专用压板

图名	明挖法结构接缝防水概况（二）	图号	FS2-4（二）

2.4.2 接缝防水示意图

1. 横向垂直施工缝

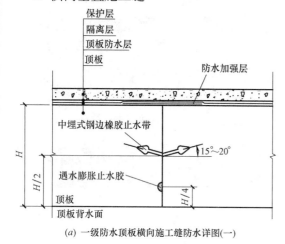

(a) 一级防水顶板横向施工缝防水详图(一)

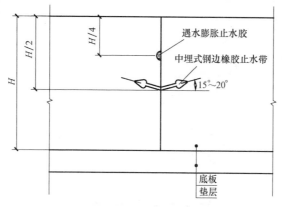

(b) 一级防水底板横向施工缝详图(一)

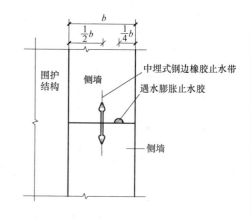

(c) 一级防水侧墙横向施工缝详图(一)

说明

1. 图示为采用中埋式钢边橡胶止水带结合遇水膨胀止水胶的横向垂直施工缝防水构造。顶板横向垂直施工缝防水详图见图 *(a)*；底板横向垂直施工缝防水详图见图 *(b)*；侧墙横向垂直施工缝防水详图见图 *(c)*；钢边橡胶止水带现场施工照片见图 *(d)*。

2. 钢边橡胶止水带利用其两端凸起状构造形成"阀门原理"，能有效闭锁渗水途径，但止水带施工时需要有足够的埋设精度才能充分发挥其止水效果；此外止水带接头搭接质量也会影响到最终防水效果。遇水膨胀止水胶挤出后一次成型，无搭接缝，施工方便快捷，但止水胶对基面要求较高，施工中遇水会提前膨胀导致止水能力下降，在多雨季节施工时尤其应注意采取临时保护措施避免先期膨胀。

3. 顶、底板处的钢边橡胶止水带设置时，应先用细铁丝或扁钢固定夹固定于专门的钢筋夹或主筋上，形成"V"形（止水带与水平夹角为15°～20°），以避免止水带下形成气泡。混凝土浇捣前应检查止水带是否破损，对破损处应立即贴片补孔，若撕裂长度超过300者，要局部割除，以新的更换；止水带接搓不得在拐角处。止水带中心线应与施工缝中心线相重合。

(d) 钢边橡胶止水带现场施工照片

| 图名 | 一级防水横向垂直施工缝防水示意图（一） | 图号 | FS2-5（一） |

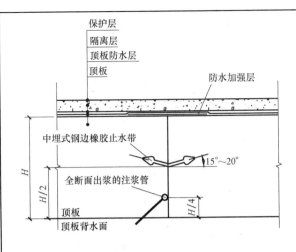

(a) 一级防水顶板横向施工缝防水详图(二)

(b) 一级防水底板横向施工缝防水详图(二)

(c) 一级防水侧墙横向施工缝防水详图(二)

说明

1. 图示为采用中埋式钢边橡胶止水带结合全断面出浆的注浆管的横向垂直施工缝防水构造。顶板横向垂直施工缝防水详图见图(a)；底板横向垂直施工缝防水详图见图(b)；侧墙横向垂直施工缝防水详图见图(c)；预埋式注浆管现场施工照片见图(d)。

2. 注浆管通过后续注浆施工，使浆液充填施工缝内的渗水孔隙，达到止水目的，且设置灵活，对于构造形式复杂的接缝也能适用。但在安装时应确保注浆管与施工缝表面密贴，严格控制好固定点间距，注浆导管引出后应采取措施保护，避免后期无法注浆。

3. 注浆管注浆时间应在装饰工程开始施工前，若现场渗漏水较大，可采用油溶性聚氨酯类浆液作为注浆材料，如仅为湿渍或无湿渍，则采用亲水性环氧浆液为宜。浆液自预埋注浆管的注浆导管灌入，从出浆管流出，待浆液贯通后封管加压至0.8MPa，当压力保持5min无明显降低时即可结束注浆。

(d) 预埋式注浆管现场施工照片

| 图名 | 一级防水横向垂直施工缝防水示意图（二） | 图号 | FS2-5（二） |

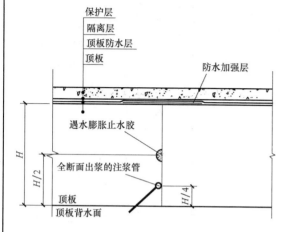
(a) 一级防水顶板横向施工缝防水详图(三)

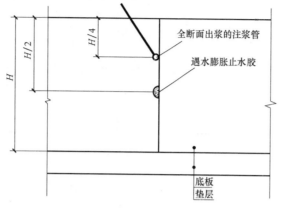
(b) 一级防水底板横向施工缝防水详图(三)

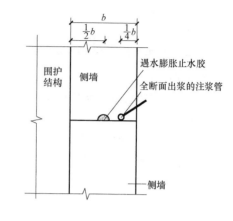
(c) 一级防水侧墙横向施工缝防水详图(三)

(d) 遇水膨胀止水胶现场施工照片

说明

1. 图示为采用遇水膨胀止水胶结合全断面出浆的注浆管的横向垂直施工缝防水构造。顶板横向垂直施工缝防水详图见图（a）；底板横向垂直施工缝防水详图见图（b）；侧墙横向垂直施工缝防水详图见图（c）；遇水膨胀止水胶现场施工照片见图（d）。

2. 当采用注浆管+止水胶组合时，注浆管宜设在靠结构背水面一侧、止水胶宜设在靠结构迎水面一侧。

3. 遇水膨胀止水胶属非定型产品，挤出后固化成型，成型后的宽度为20mm，高度为10mm，采用专用注胶器均匀挤出粘结在施工缝表面。

| 图名 | 一级防水横向垂直施工缝防水示意图（三） | 图号 | FS2-5（三） |

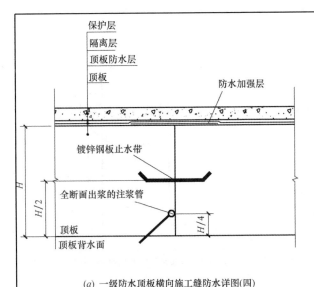

(a) 一级防水顶板横向施工缝防水详图(四)

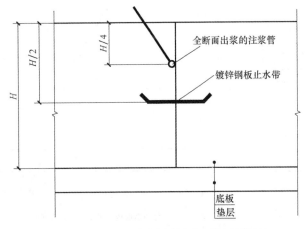

(b) 一级防水底板横向施工缝防水详图(四)

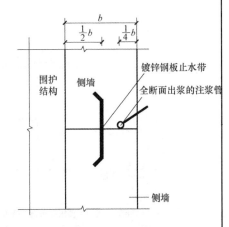

(c) 一级防水侧墙横向施工缝防水详图(四)

(d) 钢板止水带现场施工照片

说明

1. 图示为采用镀锌钢板止水带结合全断面出浆的注浆管的横向垂直施工缝防水构造。顶板横向垂直施工缝防水详图见图(a)；底板横向垂直施工缝防水详图见图(b)；侧墙横向垂直施工缝防水详图见图(c)；钢板止水带现场施工照片见图(d)。

2. 钢板止水带能够与现浇混凝土紧密咬合，具有延长渗水路径的效果，且经济性良好。但施工中对钢板的定位精度及搭接质量要求较高，且横向垂直施工缝可能产生应力集中，钢板止水胶承受剪切应力的能力相对较差。

3. 钢板止水带需经镀锌处理，镀锌处理涂层厚度为 $70\mu m$。

| 图名 | 一级防水横向垂直施工缝防水示意图（四） | 图号 | FS2-5（四） |

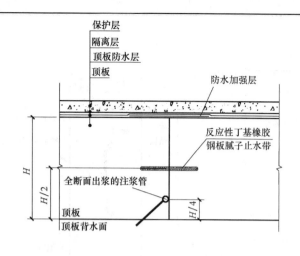

(a) 一级防水顶板横向施工缝防水详图(五)

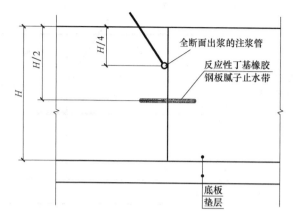

(b) 一级防水底板横向施工缝防水详图(五)

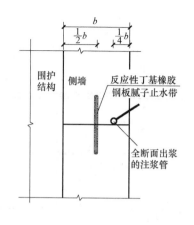

(c) 一级防水侧墙横向施工缝防水详图(五)

(d) 反应性丁基橡胶腻子钢板止水带现场照片

说明

1. 图示为采用反应性丁基橡胶腻子钢板止水带结合全断面注浆管的横向垂直施工缝防水构造。顶板横向垂直施工缝防水详图见图（a）；底板横向垂直施工缝防水详图见图（b）；侧墙横向垂直施工缝防水详图见图（c）；反应性丁基橡胶腻子钢板止水带现场施工照片见图（d）。

2. 反应性丁基橡胶腻子钢板止水带其外包覆的丁基橡胶腻子层能够更好地与现浇混凝土结合紧密，且相对于普通钢板止水带而言，耐久性更优异，具有较大的应用前景。但对止水带的埋设及搭接等施工质量要求较高。

| 图名 | 一级防水横向垂直施工缝防水示意图（五） | 图号 | FS2-5（五） |

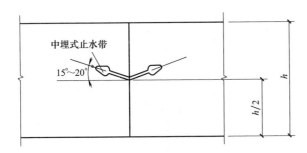

(a) 采用钢板橡胶止水带的楼板施工缝防水构造

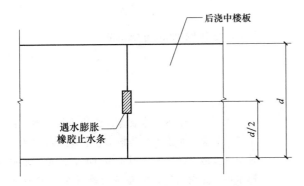

(b) 采用遇水膨胀橡胶条的楼板施工缝防水构造

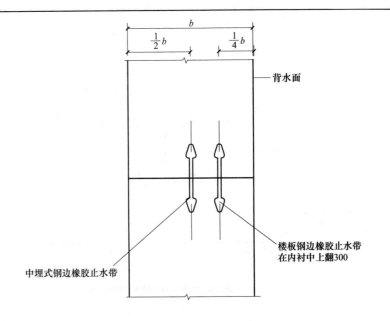

(c) 侧墙与楼板施工缝中埋式止水带位置关系图

说明

1. 本图适用于楼板横向垂直施工缝防水。

2. 楼板施工缝宜设置钢边橡胶止水带或遇水膨胀止水条。若采用钢边橡胶止水带，则止水带在内衬中上翻300mm。

3. 采用钢边橡胶止水带的楼板施工缝防水构造见图(a)；采用遇水膨胀橡胶条的楼板施工缝防水构造见图(b)；侧墙与楼板施工缝中埋式止水带位置关系见图(c)。

| 图名 | 一级防水横向垂直施工缝防水示意图（六） | 图号 | FS2-5（六） |

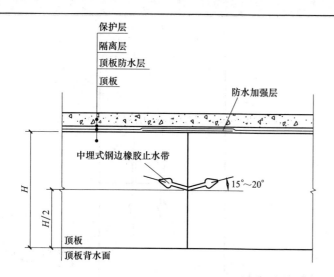

(a) 二级防水顶板横向施工缝防水详图(一)

(b) 二级防水底板横向施工详图(一)

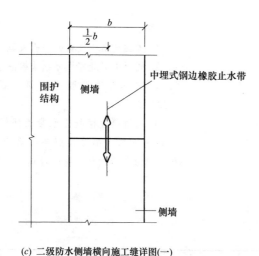

(c) 二级防水侧墙横向施工缝详图(一)

说明

本图适用于防水等级为二级的明挖结构。图示为采用中埋式钢边橡胶止水带的横向垂直施工缝防水构造。顶板横向垂直施工缝防水详图见图（a）；底板横向垂直施工缝防水详图见图（b）；侧墙横向垂直施工缝防水详图见图（c）。

| 图名 | 二级防水横向垂直施工缝防水示意图（一） | 图号 | FS2-6（一） |

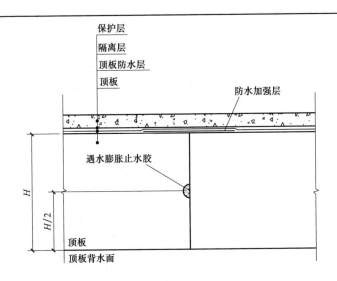

(a) 二级防水顶板横向施工缝防水详图(二)

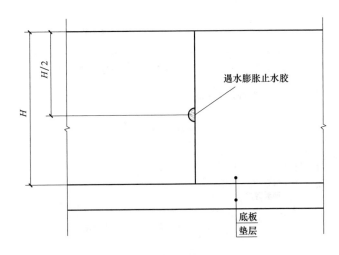

(b) 二级防水底板横向施工缝防水详图(二)

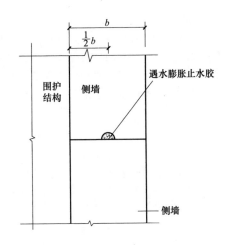

(c) 二级防水侧墙横向施工缝防水详图(二)

说明：

本图适用于防水等级为二级的明挖结构。图示为采用遇水膨胀止水胶的横向垂直施工缝防水构造。顶板横向垂直施工缝防水详图见图（a）；底板横向垂直施工缝防水详图见图（b）；侧墙横向垂直施工缝防水详图见图（c）。

| 图名 | 二级防水横向垂直施工缝防水示意图（二） | 图号 | FS2-6（二） |

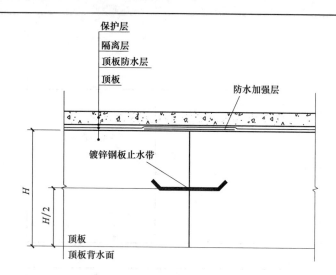

(a) 二级防水顶板横向施工缝防水详图(三)

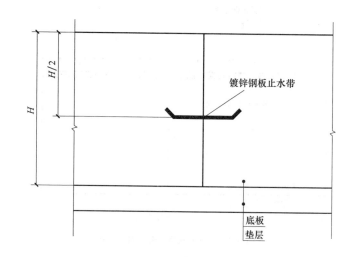

(b) 二级防水底板横向施工缝防水详图(三)

说明

本图适用于防水等级为二级的明挖结构。图示为采用镀锌钢板止水带的横向垂直施工缝防水构造。顶板横向垂直施工缝防水详图见图(a)；底板横向垂直施工缝防水详图见图(b)；侧墙横向垂直施工缝防水详图见图(c)。

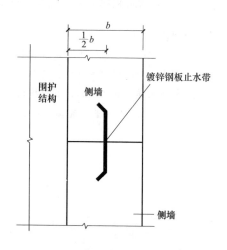

(c) 二级防水侧墙横向施工缝防水详图(三)

| 图名 | 二级防水横向垂直施工缝防水示意图（三） | 图号 | FS2-6（三） |

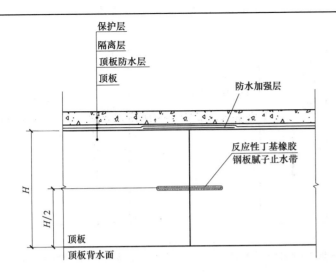

(a) 二级防水顶板横向施工缝防水详图(四)

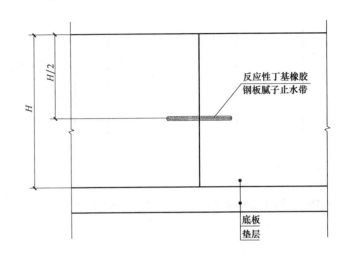

(b) 二级防水底板横向施工缝防水详图(四)

说明

本图适用于防水等级为二级的明挖结构。图示为采用反应性丁基橡胶腻子钢板止水带的横向垂直施工缝防水构造。顶板横向垂直施工缝防水详图见图（a）；底板横向垂直施工缝防水详图见图（b）；侧墙横向垂直施工缝防水详图见图（c）。

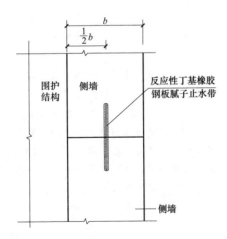

(c) 二级防水侧墙横向施工缝防水详图(四)

| 图名 | 二级防水横向垂直施工缝防水示意图（四） | 图号 | FS2-6（四） |

2. 纵向水平施工缝

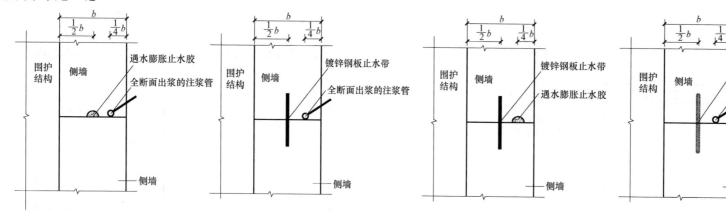

(a) 一级防水纵向水平施工缝防水详图(一)　　(b) 一级防水纵向水平施工缝防水详图(二)　　(c) 一级防水纵向水平施工缝防水详图(三)　　(d) 一级防水纵向水平施工缝防水详图(四)

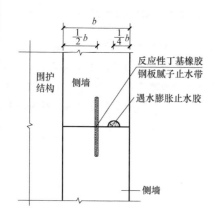

(e) 一级防水纵向水平施工缝防水详图(五)

(f) 纵向水平施工缝反应性丁基橡胶腻子钢板止水带现场照片

说明

1. 本图适用于防水等级为一级的明挖结构纵向施工缝。

2. 除本图所选用的止水带（条）外，设计及施工单位还可根据不同的工程实际情况及经验，采用其他种类的止水带（条）。

3. 采用遇水膨胀止水胶结合注浆管的水平施工缝防水构造见图(a)；采用钢板止水带结合注浆管的水平施工缝防水构造见图(b)；采用钢板止水带结合遇水膨胀止水胶的水平施工缝防水构造见图(c)；采用反应性丁基橡胶腻子钢板止水带结合注浆管的水平施工缝防水构造见图(d)；采用反应性丁基橡胶腻子钢板止水带结合遇水膨胀止水胶的水平施工缝防水构造见图(e)；反应性丁基橡胶腻子钢板止水带现场照片见图(f)。

| 图名 | 一级防水纵向水平施工缝防水示意图 | 图号 | FS2-7 |

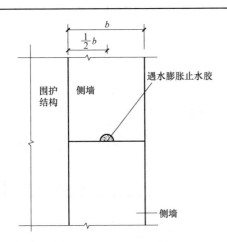
(a) 二级防水纵向水平施工缝防水详图(一)

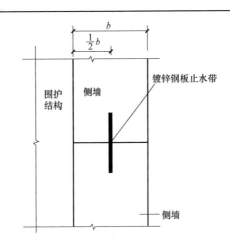
(b) 二级防水纵向水平施工缝防水详图(二)

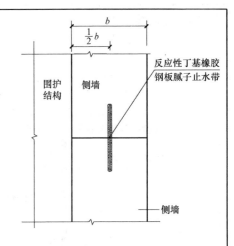
(c) 二级防水纵向水平施工缝防水详图(三)

(d) 纵向水平施工缝钢板止水带现场施工照片(一)

(e) 纵向水平施工缝钢板止水带现场施工照片(二)

说明

1. 本图适用于防水等级为二级的明挖结构纵向施工缝。
2. 除本图所选用的止水带（条）外，设计及施工单位还可根据不同的工程实际情况及经验，采用其他种类的止水带（条）。
3. 当采用中埋式止水带作纵向水平施工缝防水材料时，应注意对止水带背面建筑垃圾的及时清理，避免由于垃圾堆积造成止水带背面混凝土浇捣不密实。
4. 采用遇水膨胀止水胶的水平施工缝防水构造见图(a)；采用钢板止水带的水平施工缝防水构造见图(b)；采用反应性丁基橡胶腻子钢板止水带的水平施工缝防水构造见图(c)；纵向水平施工缝钢板止水带现场施工照片见图(d)、图(e)。

| 图名 | 二级防水纵向水平施工缝防水示意图 | 图号 | FS2-8 |

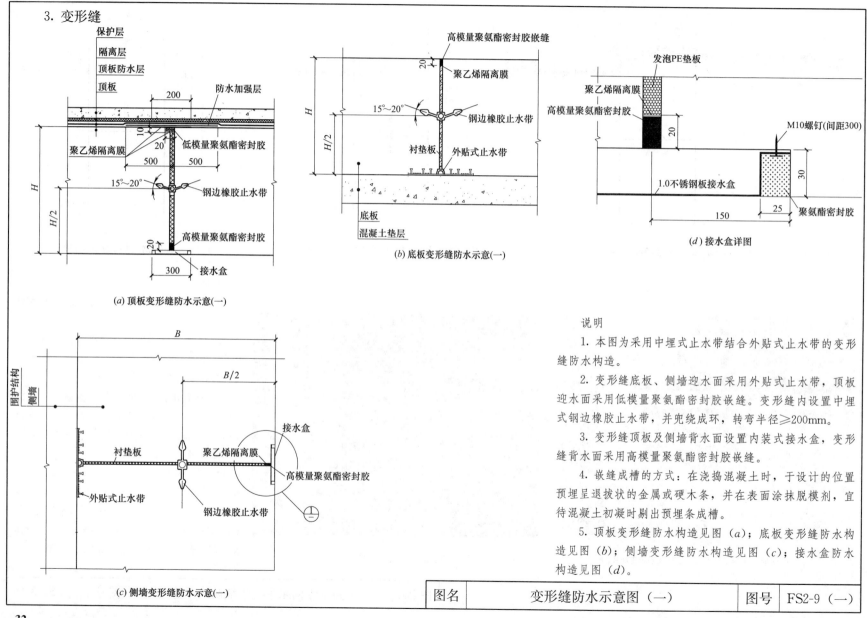

(a)变形缝钢边橡胶止水带现场施工照片

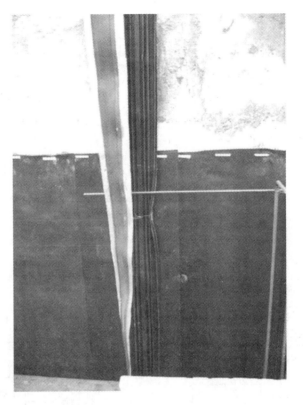

(b)钢边橡胶止水带及外贴式止水带现场施工照片

(c)变形缝接水盒现场照片

说明

变形缝钢边橡胶止水带现场照片见图(a);钢边橡胶止水带及外贴式止水带现场照片见图(b);变形缝接水盒现场照片见图(c)。

| 图名 | 变形缝防水示意图(二) | 图号 | FS2-9(二) |

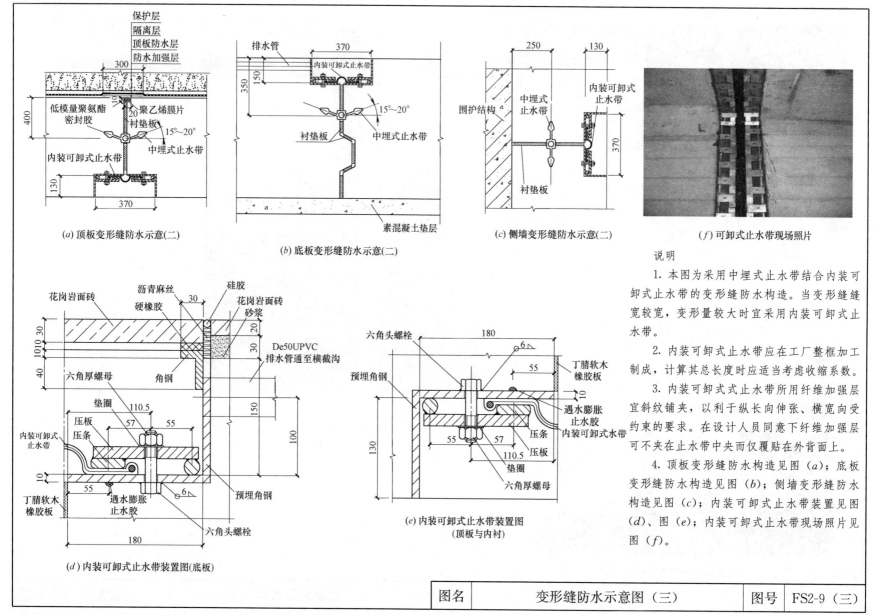

(a) 顶板变形缝防水示意(二)
(b) 底板变形缝防水示意(二)
(c) 侧墙变形缝防水示意(二)
(d) 内装可卸式止水带装置图(底板)
(e) 内装可卸式止水带装置图(顶板与内衬)
(f) 可卸式止水带现场照片

说明

1. 本图为采用中埋式止水带结合内装可卸式止水带的变形缝防水构造。当变形缝缝宽较宽，变形量较大时宜采用内装可卸式止水带。

2. 内装可卸式止水带应在工厂整框加工制成，计算其总长度时应适当考虑收缩系数。

3. 内装可卸式止水带所用纤维加强层宜斜纹铺夹，以利于纵长向伸张、横宽向受约束的要求。在设计人员同意下纤维加强层可不夹在止水带中央而仅覆贴在外背面上。

4. 顶板变形缝防水构造见图（a）；底板变形缝防水构造见图（b）；侧墙变形缝防水构造见图（c）；内装可卸式止水带装置见图（d）、图（e）；内装可卸式止水带现场照片见图（f）。

| 图名 | 变形缝防水示意图（三） | 图号 | FS2-9（三） |

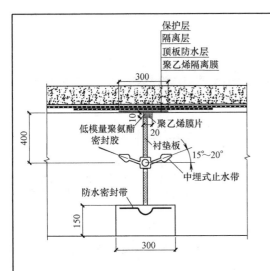

(a) 顶板变形缝防水示意(三)

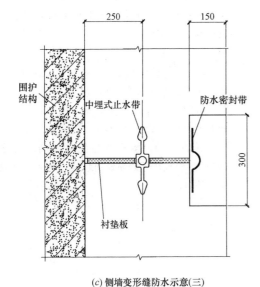

(c) 侧墙变形缝防水示意(三)

(b) 底板变形缝防水示意(三)

说明

1. 本图为采用中埋式止水带结合防水密封带的变形缝防水构造。当变形缝缝宽较宽，变形量较大，且埋深较浅时可采用。

2. 防水密封带是一种由丁腈橡胶组成、带有锚固孔和织物纹理表面的灰色弹性橡胶密封带。其厚度为1.2mm，标准宽度为200mm。两边各有30mm宽的锚固孔，在干燥表面或潮湿表面采用配套的粘合剂即可应用。

3. 顶板变形缝防水构造见图(a)；底板变形缝防水构造见图(b)；侧墙变形缝防水构造见图(c)；防水密封带现场照片见图(d)。

(d) 防水密封带现场照片

| 图名 | 变形缝防水示意图（四） | 图号 | FS2-9（四） |

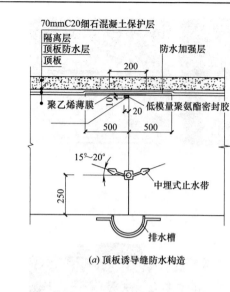

(a) 顶板诱导缝防水构造

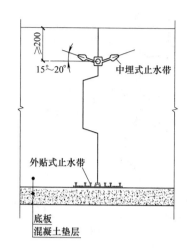

(b) 底板诱导缝防水构造

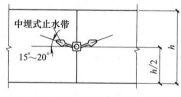

(d) 楼板诱导缝防水构造

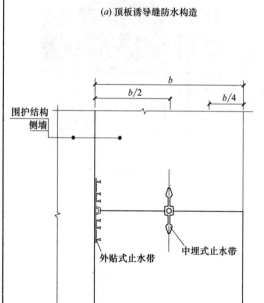

(c) 侧墙诱导缝防水构造

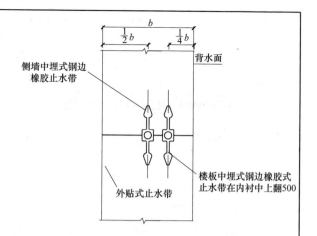

(e) 侧墙与楼板诱导缝中埋式止水带位置关系

说明

1. 诱导缝底板、侧墙迎水面采用外贴式止水带，顶板迎水面采用低模量聚氨酯密封胶嵌缝。诱导缝内设置中埋式钢边橡胶绕成环，转弯半径≥200mm。

2. 楼板诱导缝宜设置钢边橡胶止水带，止水带在内衬中上翻500mm。

3. 顶板诱导缝防水构造见图（a）；底板诱导缝防水构造见图（b）；侧墙诱导缝防水构造见图（c）；楼板诱导缝防水构造见图（d）；侧墙与楼板诱导缝中埋式止水带位置关系见图（e）。

图名	诱导缝防水示意图	图号	FS2-10

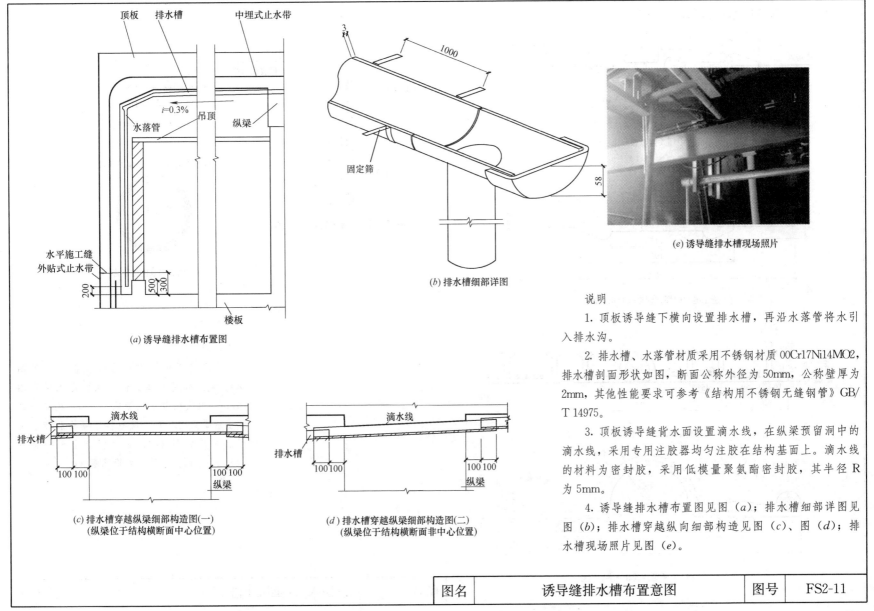

2.4.3 接缝防水材料断面示意图

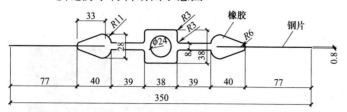

(a) 变形缝用中埋式钢边橡胶止水带

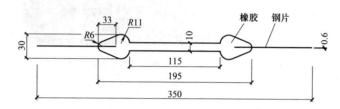

(b) 施工缝用中埋式钢边橡胶止水带

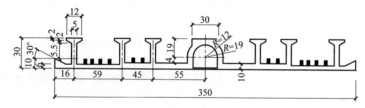

(c) 外贴式橡胶止水带

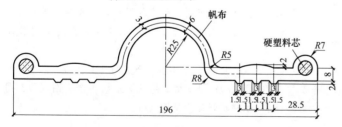

(d) 内装可卸式止水带

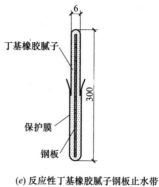

(e) 反应性丁基橡胶腻子钢板止水带

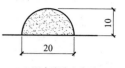

(f) 遇水膨胀止水胶

(g) 全断面出浆的注浆管

说明

变形缝用中埋式钢边橡胶止水带见图 (a)；施工缝用中埋式钢边橡胶止水带见图 (b)；外贴式橡胶止水带见图 (c)；内装可卸式止水带见图 (d)；反应性丁基橡胶腻子钢板止水带见图 (e)；遇水膨胀止水胶见图 (f)；全断面出浆的注浆管见图 (g)。

| 图名 | 接缝防水材料断面构造图（一） | 图号 | FS2-12（一） |

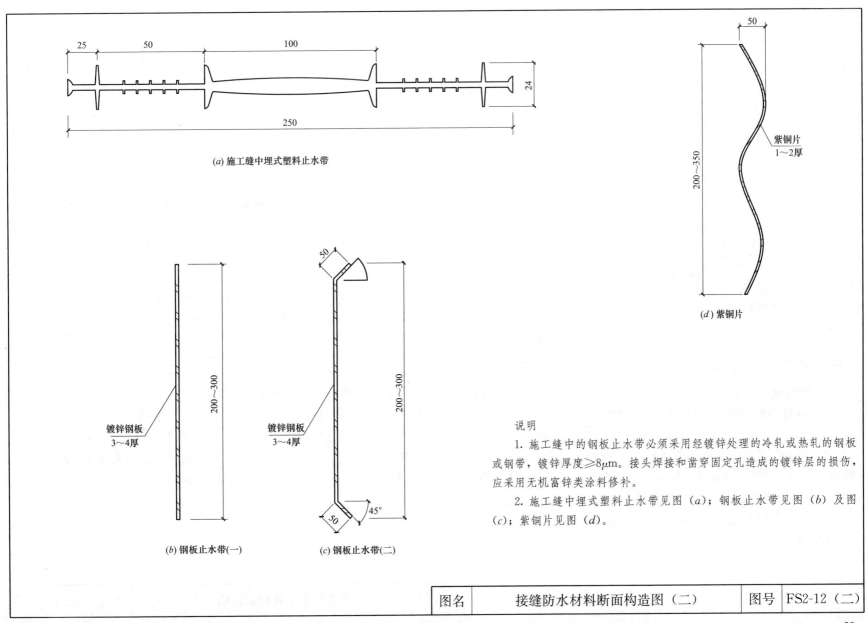

2.4.4 接缝防水材料材质说明

1. 橡胶止水带（包括中埋式钢边橡胶止水带、外贴式橡胶止水带等）橡胶止水带的材质、形状、尺寸、物理机械性能应符合《高分子防水材料（第二部分）止水带》GB 18173.2 的规定；钢边橡胶止水带的物理力学性能应符合表2.4-2的规定：

橡胶止水带物理力学性能指标表　　　表 2.4-2

项目	指标
	B、S
硬度(邵尔 A/度)	60±5
拉伸强度(MPa)	≥10
扯断伸长度(％)	≥380
压缩永久变形(70℃,24h)(％)	≤35
撕裂强度(kN/m)	≥30
脆性温度(℃)	≤-45
热空气老化(70℃,168h)	
硬度变化(邵尔 A)(度)	≤+8
拉伸强度(MPa)	≥9
扯断伸长率(％)	≥300
臭氧老化(40±2)℃×48h	无裂纹
橡胶与金属粘合	橡胶间破坏

注：1.以上指标以实样测试为准。

2. 镀锌钢板止水带镀锌层厚度不宜小于 70μm，其材料性能应符合《连续热镀锌钢板及钢带》GB/T 2518 中的相关规定。

3. 反应性丁基橡胶钢板止水带材料性能应符合表2.4-3规定

4. 遇水膨胀橡胶止水条宜选用矩形断面，其外观不允许有开裂、凹痕、气泡、杂质、明疤等缺陷；制品型遇水膨胀止水条应具有缓膨胀性能，其7d的膨胀率不应大于最终膨胀率的60％；并应在施工中有牢固粘贴、固定的措施。遇水膨胀橡胶止水条的物理力学性能应符合表2.4-4的要求。

反应性丁基橡胶腻子钢板止水带性能指标表　　　表 2.4-3

项目		指标
密度(g/cm³)		1.46±0.1
剪切强度(MPa)	腻子与钢板≥	0.08
	腻子与混凝土≥(压缩剪切强度)	0.07
扯断伸长率(％)	≥	1200
固含量(％)	≥	99
耐热性能(80℃×2h)断裂伸长率(％)	≥	500
耐寒性能(-30℃×2h)断裂伸长率(％)	≥	700
低温柔度：(-55℃×2h)		无裂纹

遇水膨胀橡胶止水条物理性能指标表　　　表 2.4-4

序号	项目		指标
1	硬度(邵尔 A)(度)		42±7
2	拉伸强度(MPa)		≥3.5
3	扯断伸长率(％)		≥450
4	体积膨胀倍率(％)		≥200
5	反复浸水试验	拉伸强度(MPa)	≥3
		扯断伸长率(％)	≥350
		体积膨胀率(％)	≥200
6	低温弯折(-20℃×2h)		无裂纹
7	防霉等级		优于2级

5. 注浆管应为全断面出浆的注浆管，单管长度约9m左右，直径约10mm，每隔 300mm 设置一固定件。注浆管接头处应交错搭接。注浆管应与混凝土基面紧密相贴，若两者之间有空隙，须相应增设固定件，以消除空隙。注浆导管及其端部配套的封口盒采用铅丝固定于同向的钢筋上，封口盒应尽量贴近模板基面。

图名	接缝防水材料材质说明（一）	图号	FS2-13（一）

全断面出浆的注浆管的性能指标应符合表2.4-5的规定：

全断面出浆的注浆管性能指标表　　　　表2.4-5

项目		指标
骨架与外层编织布之间应完整		不得松开和脱离
抗压强度	外径变形30%的抗压强度(N/mm)≥	70
	20℃,80mm长试件,20kg/min后	管内径凹扁2mm以下
特制无纺布渗透系数K_{20}(cm/s)≥		0.003

6. 遇水膨胀止水胶属非定型产品，挤出后固化成型，成型后的宽度为20mm，高度为10mm，采用专用注胶器均匀挤出粘结在施工缝表面。其物理性能指标应符合表2.4-6的规定

遇水膨胀止水胶的物理学性能指标表　　　　表2.4-6

序号	检测项目		指标 PJ220
1	固含量(%) ≥		85
2	密度(g/m³)		规定值±0.1
3	下垂度(50±2)℃(mm) ≤		2
4	表干时间(h) ≤		24
5	7d拉伸粘结强度(MPa) ≥		0.4
6	低温柔性		−20℃无裂纹
7	拉伸性能	拉伸强度(MPa) ≥	0.5
		断裂伸长度(%) ≥	400
8	体积膨胀倍率(%) ≥		220
9	长期浸水体积膨胀倍率保持率(%) ≥		90
10	抗水压力(MPa)		1.5 不渗水
11	实干厚度(mm)≥		2
12	溶剂浸泡后体积膨胀倍率保持率(%)≥	饱和$Ca(OH)_2$	90
		5%NaCl	90
13	有害物质含量 ≤	VOC(g/L)	200
		游离甲苯二异氰酸酯TDL(g/kg)	5

注：第12项检测项目根据地下水的性质由供需双方商定执行。

7. 防水密封带是一种由丁腈橡胶组成、带有锚固孔和织物纹理表面的灰色弹性橡胶密封带。其厚度为1.2mm，标准宽度为200mm。两边各有30mm宽的锚固孔，在干燥表面或潮湿表面采用配套的胶粘剂即可应用。防水密封带的性能指标应符合表2.4-7的规定。

防水密封带性能指标表　　　　表2.4-7

项目		指标
拉伸强度(MPa)	纵向	≥8.1MPa
	横向	≥8.5MPa
断裂延伸率(%)	纵向	≥440%
	横向	≥360%
肖氏硬度A		65
干混凝土粘结强度		≥3.5MPa
干混凝土粘结强度		≥2MPa
钢粘结强度		≥11MPa
抗弯强度		≥35MPa
完全固化		7天
最低施工温度		8度

图名	接缝防水材料材质说明（二）	图号	FS2-13（二）

2.4.5 接缝防水材料施工说明

1. 中埋式止水带施工要求

（1）止水带埋设位置应准确、固定牢靠，中孔型止水带其中间空心圆环应与变形缝的中心线重合。

（2）止水带安装的位置宜按衬砌厚度的一半确定，止水带安装的径向位置与设计的偏差值不超过50mm，止水带安装的纵向位置，离其设计位置中心不得超过30mm。

（3）止水带应与衬砌端头模板正交；中埋式钢边橡胶止水带的现场安放照片见图(a)。

（4）止水带应妥善固定，应利用附加钢筋、卡子、铅丝、模板等将止水带固定牢靠，宜采用专用钢筋套或扁钢固定，采用扁钢固定时，止水带端部应先用扁钢夹紧，并将扁钢与结构内钢筋焊牢，固定扁钢用的螺栓间距宜为500mm。

（5）中埋式止水带先施工一侧混凝土时，其端模应支撑牢固，严防漏浆。

（6）止水带的连接头宜为一处，应设在边墙较高位置上，不得设置在结构转角处，接头宜采用热压焊。

（7）中埋式止水带在转弯处应做成圆弧形，橡胶止水带的转角半径应不小于200mm，钢边橡胶止水带应不小于300mm，且转角半径应随止水带的宽度增大而相应加大。

（8）当采用钢板止水带时应注意钢板的防锈保护；当采用钢板腻子止水带时应注意用于保护腻子的保护膜要在浇筑上部混凝土前才能剥除，以免腻子表面沾污、损坏甚至老化，影响与后浇带混凝土的咬合。

(a) 中埋式钢边橡胶止水带的现场安放照片

| 图名 | 中埋式止水带施工说明（一） | 图号 | FS2-14（一） |

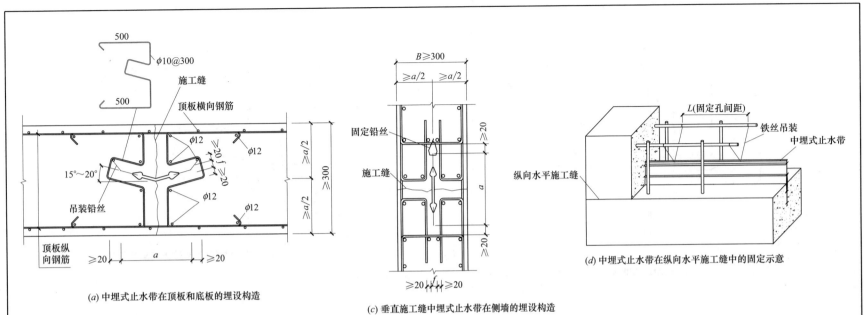

(a) 中埋式止水带在顶板和底板的埋设构造

(c) 垂直施工缝中埋式止水带在侧墙的埋设构造

(d) 中埋式止水带在纵向水平施工缝中的固定示意

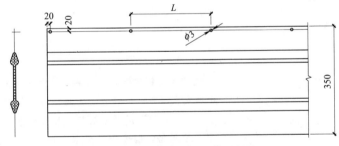

(b) 钢边橡胶止水带固定孔设置

说明

1. 图中：a——施工缝中埋式止水带宽度；f——止水带全高。其他材料的中埋式止水带的固定孔也参照此图设置。

2. 止水带埋设固定时采用镀锌铁丝悬挂。止水带两端孔眼应由工厂生产时加工预留（孔边作补强处理）。施工缝止水带预留吊孔均按此处理。

3. 设计及施工单位还可根据不同的工程实际情况及经验，采用其他固定止水带的方式。

4. 中埋式止水带在顶板和底板的埋设构造见图（a）；钢边橡胶止水带固定孔设置见图（b）；垂直施工缝中埋式止水带在侧墙的埋设构造见图（c）；中埋式止水带在纵向水平施工缝中的固定见图（d）。

| 图名 | 中埋式止水带施工说明（二） | 图号 | FS2-14（二） |

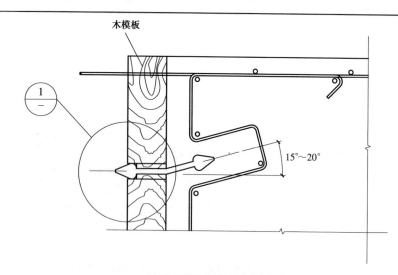

(a)顶、底板固定钢边橡胶止水带模板示意图(纵剖面)

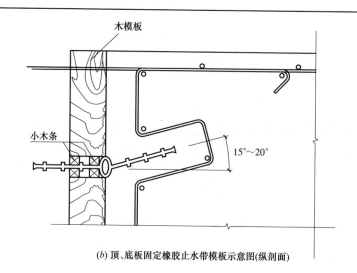

(b)顶、底板固定橡胶止水带模板示意图(纵剖面)

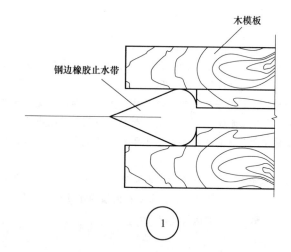

说明

1. 本图中固定钢边橡胶止水带的模板同样适用于其他类型的中埋式止水带；此种固定方法既可在浇筑混凝土时固定止水带，又可防止混凝土浆液沿止水带跑漏。

2. 顶、底板固定钢边橡胶止水带模板示意见图（a）；顶、底板固定橡胶止水带模板示意见图（b）。

| 图名 | 中埋式止水带施工说明（三） | 图号 | FS2-14（三） |

2. 变形缝（及垂直施工缝）止水带与水平施工缝止水带交汇处的处理

（1）在地下明挖结构工程中，垂直方向的变形缝会与水平施工缝有交汇点，在此点变形缝止水带和水平施工缝止水带也会相交，此时应注意变形缝中埋式止水带的位置应在水平施工缝止水带的外侧，且宜采用铆钉将两者搭接紧密。一旦变形缝止水带失效，也不会影响到水平施工缝。否则变形缝的渗漏水在未达到变形缝中埋式止水带以前，就会沿着水平施工缝渗入结构内层。变形缝止水带与水平施工缝止水带交汇处连接细部构造见图（a）；现场施工照片见图（b）、图（c）。

（2）如果纵向水平施工缝采用止水钢板之类的金属止水带，则金属止水带应在骑变形缝处断开。这样就可以防止金属止水带适应变形能力差，在变形缝变形时，止水带无规则地断裂在非变形缝处，致使纵向水平施工缝渗漏。

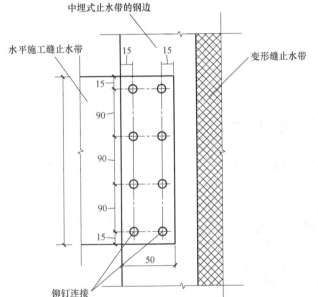

(b) 止水带在横、纵向施工缝交汇处现场施工照片（一）

(c) 止水带在横、纵向施工缝交汇处现场施工照片（二）

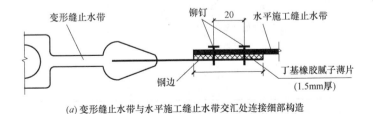

(a) 变形缝止水带与水平施工缝止水带交汇处连接细部构造

| 图名 | 中埋式止水带施工说明（四） | 图号 | FS2-14（四） |

3.外贴式止水带施工说明

(1) 外贴式止水带采用胶粘剂和水泥钉固定于以聚合物水泥防水砂浆找平的地下墙面的方法设置。

(2) 外贴式止水带转角处理

外贴式止水带一般均有齿状突起,要保持齿状突起在转角处直立状态而不被压倒,外贴式止水带的转弯半径则须达到为 $30\sim50f$（f 为止水带包括齿高的全高）。一般在地下结构底板与侧墙的转角并不允许外贴式止水带的转弯半径有如此之大,否则会与结构钢筋的混凝土保护层厚度相冲突,如（a）所示。如果不做特殊处理,在转角处的止水带的突起被压倒,在浇捣混凝土时,止水带与混凝土在转角处会脱离,就起不到止水的效果。

外贴式止水带的转角通常有两种处理方法：1) 现场切除转角处的局部齿状突起,然后将止水带弯折,再使用专用胶水粘结成直角。2) 由供应厂家直接提供外贴式止水带转角件,并在工厂内将整条外贴式止水带预制成框,如图（b）所示。第一种方法简便易行,但要注意粘结质量；第二方法能确保质量,但对止水带的长度计算要求准确。

通常地下明挖结构底板与侧墙的转角为直角,但也有一些工程为了确保转角处外贴式止水带的施工质量,在结构专业配合下将底板和侧墙转角的部位做成一定半径的圆弧,并采用水泥砂浆进行倒角处理。为外贴式止水带在转角处的连续设置提供了有利条件,如图（c）所示：

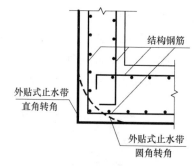

(a) 外贴式止水带大转弯半径与结构钢筋相冲突的示意

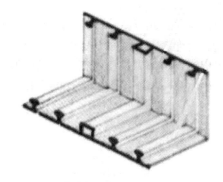

(b) 外贴式止水带直角转角示意图

(c) 侧墙与底板转角处外贴式止水带构造

| 图名 | 外贴式止水带施工说明 | 图号 | FS2-15 |

4.遇水膨胀止水胶施工说明

1）粘贴止水胶的施工缝表面需要先凿毛，将疏松、起皮、浮灰等凿除并清理干净，使施工缝表面坚实、基本平整、干燥、无污物。

2）止水胶粘贴完毕后，应尽量避免雨天和施工过程中遇水，否则提前膨胀后会导致嵌缝胶的止水能力下降。遇水膨胀止水胶的施工照片见图（a）

5.全断面出浆的注浆管施工说明

1）注浆管采用专用扣件固定在施工缝表面，应确保注浆管与止水胶之间的间距不小于50mm。注浆管的固定间距20～30cm，沿施工缝通长设置。安装注浆管的范围（约30mm宽）清理干净，可不进行凿毛处理，凹坑部位采用防水砂浆进行填充找平，以确保注浆管与施工缝表面密贴，任何空鼓部位都会影响后期注浆效果。注浆管采用搭接法进行连接，有效搭接长度不小于2cm（即出浆段的有效搭接长度）。

2）注浆管每隔5～6m间距引出一根注浆导管，利用注浆导管进行注浆，使浆液从注浆管孔隙内均匀渗出，填充施工缝表面的裂缝，达到止水的目的。注浆导管的开孔部位应做好临时封堵，避免浇筑混凝土时杂物进入堵塞导管。

3）注浆导管宜在结构内穿行一段距离后再引出结构表面，引出位置距施工缝宜为20～30cm。

4）注浆管设置方法见图（b）。

(a) 遇水膨胀止水胶的施工

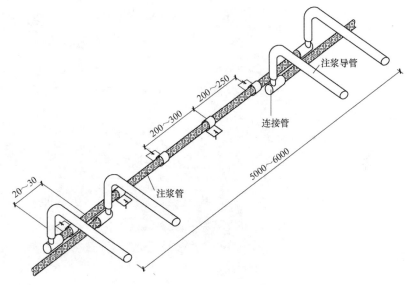

(b) 注浆管外置方法详图

| 图名 | 止水胶、注浆管施工说明 | 图号 | FS2-16 |

6. 防水密封带的施工要求

1) 防水密封带需应用于无灰、平整的表面,新浇筑混凝土表面至少要养护28天。在施工期间,应避免渗水干扰。

2) 将防水密封带在30min内粘到与其配套使用的胶粘剂上。挤压密封带直至胶粘剂从锚固孔中渗出。涂刷3mm厚的第二层胶粘剂,至少覆盖宽度达到20mm。如顶板防水密封带固定较为困难,可采用薄钢片锚固在顶板局部位置,形成托架,达到防止防水密封带下坠的功效。

3) 防水密封带采用与其配套的胶粘剂搭接,搭接长度至少10mm,搭接完毕后再安装至混凝土基面。

4) 防水密封带有最低施工温度的要求,施工单位应根据现场施工条件,合理安排密封带的安装时间。防水密封带现场施工照片见图(a)。

(a) 防水密封带现在施工照片

| 图名 | 防水密封带施工说明 | 图号 | FS2-17 |

2.5 外防水层设计与施工

2.5.1 外防水层的选择及材质要求

1. 明挖法结构

明挖法结构应根据结构构造形式、防水等级、周边环境、水头压力、腐蚀情况等采用全包防水或局部外包防水。外防水层宜以防水涂料、防水卷材及膨润土防水毯等为主,特殊部位及环境要求下也可采用塑料防水板及金属防水板等。除叠合衬砌结构外,结构防水层应根据防水等级,应按表2.5-1要求设置。

明挖结构防水层设防要求表　　表2.5-1

工程部位	结构迎水面					
防水措施	防水卷材	防水涂料	塑料防水板	膨润土防水毯	防水砂浆	金属防水板
防水等级 一级	应选1~2种					
防水等级 二级	应选1种					

2. 涂料防水层的选择

(1) 涂料防水层可采用有机防水涂料或无机防水涂料,宜涂刷或喷涂于车站或区间结构的迎水面。

(2) 防水涂料的选择应符合下列要求:
1) 具有良好的耐水性、耐久性、耐腐蚀性及耐菌性;
2) 环保、难燃;
3) 无机防水涂料应具有良好的潮湿基面粘结性、耐磨性,有机防水涂料应具有较好的延伸性及较大适应基层变形能力;
4) 潮湿基层宜选用与潮湿基面粘结力大的防水涂料,或采用先涂无机防水涂料而后再涂有机防水涂料的复合防水涂层;
5) 低温施工时宜选用反应型涂料;
6) 有腐蚀性介质的地下环境宜选用耐腐蚀性较好的有机防水涂料。

(3) 无机防水涂料的性能指标应分别符合表2.5-2的规定。

无机防水涂料性能指标表　　表2.5-2

涂料种类	抗折强度(MPa)	粘结强度(MPa)	一次抗渗性(MPa)	二次抗渗性(MPa)	冻融循环(次)
掺外加剂、掺合料水泥基防水涂料	≥4	≥1.0	≥0.8	—	>50
水泥基渗透结晶型防水涂料	≥2.8	≥1.0	≥1.0	≥0.8	>50

(4) 有机防水涂料的性能指标应分别符合表2.5-3的规定。

有机防水涂料性能指标表　　表2.5-3

涂料种类		可操作时间(min)	潮湿基面粘结强度(MPa)	抗渗性(MPa)				浸水168h后拉伸强度(MPa)	浸水168h后断裂伸长率(%)	耐水性(%)	表干(h)	实干(h)
				涂膜(120 min)	砂浆迎水面	砂浆背水面						
反应型	缩聚型	≥20	≥0.5	≥0.3	≥0.8	≥0.3		≥1.7	≥400	≥80	≤12	≤24
反应型	自由基类(型)		≥0.1	≥0.3	≥0.8	≥0.5		≥200	≥80	≤0.01	≤0.1	
水乳型		≥50	≥0.2	≥0.3	≥0.3	≥0.5		≥350	≥80	≤4	≤12	
聚合物水泥		≥30	≥1.0	≥0.3	≥0.6			≥1.5	≥80	≥80	≤4	≤12

注:1. 浸水168h后的拉伸强度和断裂伸长率是在浸水取出后只经擦干即进行试验所得的值。
2. 耐水性指标是指材料浸水168h后取出擦干进行试验,其粘结强度及抗渗性的保持率。

(5) 有条件大面积施工的明挖车站工程,可采用喷涂技术进行防水涂层的施工。喷涂型防水涂层包括:喷涂聚脲防水涂层、喷涂型聚合物防水涂层或砂浆防水层、丙烯酸盐喷膜防水涂层、喷涂型橡胶沥青防水涂层等。

(6) 喷涂聚脲防水涂料性能指标应符合《喷涂聚脲防水工程技术规程》JGJ/T 200中的Ⅱ型产品的规定。如表2.5-4所示:

(7) 单组分聚氨酯防水涂料性能指标应满足《聚氨酯防水涂料》GB/T 19250—2013的要求,如表2.5-5所示。

(8) 聚合物水泥防水涂料性能指标应符合《聚合物水泥防水涂料》GB/T 23445中Ⅱ型或Ⅲ型产品的规定。见表2.5-6所示。

图名	涂料防水层的选择及材质说明(一)	图号	FS2-18(一)

喷涂型聚脲防水涂料性能指标表 表 2.5-4

序号	项目			技术指标
1	拉伸强度(MPa)		≥	16
2	断裂伸长率(%)		≥	450
3	撕裂强度(N/mm)		≥	50
4	低温弯折性(℃)		≤	−40
5	不透水性,0.4MPa×2h			不透水
6	固体含量(%)		≥	98
7	凝胶时间(s)		≤	45
8	表干时间(s)		≤	120
9	加热伸缩率(%)	伸长	≤	1.0
		收缩	≤	1.0
10	粘结强度(MPa)		≥	2.5
11	定伸时老化	加热老化		无裂纹及变形
		人工气候老化		无裂纹及变形
12	热处理	拉伸强度保持率(%)		80～150
		断裂伸长率(%)	≥	400
		低温弯折性(℃)	≤	−35
13	人工气候老化[a]	拉伸强度保持率(%)		80～150
		断裂伸长率(%)	≥	400
		低温弯折性(℃)	≤	−35
14	硬度[b](邵 A)		≥	80
15	耐磨性[b]/(750g/500r)(mg)		≤	30
16	耐冲击性[b]/(kg·m)		≥	1.0
17	吸水率(%)		≤	5

[a] 用于长期外露使用人工气候老化累计辐照能量至少为 3150MJ/m² (约 1512h),否则需要表面加保护层。
[b] 仅对通行用途时,或根据工程和用户要求时测定。

单组分聚氨酯防水涂料性能指标表 表 2.5-5

序号	试验项目		技术指标
1	固体含量(%)	≥	85.0
2	表干时间(h)	≤	12
3	实干时间(h)	≤	24
4	拉伸强度(MPa)	≥	2.00
5	断裂伸长率(%)	≥	500

续表

序号	试验项目		技术指标
6	撕裂强度(N/mm)	≥	15
7	低温弯折性		−35℃,无裂纹
8	不透水性		0.3MPa,120min,不透水
9	加热伸缩率(%)		−4.0～+1.0
10	粘结强度(MPa)	≥	1.0
11	吸水率(%)	≤	5.0
12	定伸时老化	加热老化	无裂纹及变形
		人工气候老化	无裂纹及变形
13	热处理 (80℃,168h)	拉伸强度保持率(%)	80～150
		断裂伸长率(%) ≥	450
		低温弯折性	−30℃,无裂纹
14	碱处理[0.1% NaOH+饱和 Ca(OH)₂溶液,118h]	拉伸强度保持率(%)	80～150
		断裂伸长率(%) ≥	450
		低温弯折性	−30℃,无裂纹
15	酸处理[0.1% NaOH+饱和 Ca(OH)₂溶液,168h]	拉伸强度保持率(%)	80～150
		断裂伸长度(%) ≥	450
		低温弯折性	−30℃,无裂纹
17	燃烧性能		B2-E(点火 15s,燃烧 20s,Fs≤150mm,无燃烧滴落物引燃滤纸)

聚合物水泥防水涂料性能指标 表 2.5-6

项目		指标
粘结强度	无处理(MPa)	≥0.7
	潮湿基层(MPa)	≥0.7
	碱处理(MPa)	≥0.7
	浸水处理(MPa)	≥0.7
断裂伸长率	无处理(%)	≥80
	加热处理(%)	≥65
	碱处理(%)	≥65
	浸水处理(%)	≥65
拉伸强度	无处理(MPa)	≥1.8
	加热处理后保持率(%)	≥80
	碱处理后保持率(%)	≥70
	浸水处理后保持率(%)	≥70
抗渗件(背水面)(MPa)		≥0.6
固体含量(%)		≥70
不透水性(0.3MPa,30min)		不透水

图名	涂料防水层的选择及材质说明(二)	图号	FS2-18(二)

（9）喷涂型聚脲防水涂料现场施工照片见图（a）；喷涂型非固化橡胶沥青防水涂料现场施工照片见图（b）；单组份聚氨酯防水涂料现场施工图（c）

(a) 喷涂型聚脲防水涂料现场施工

(c) 单组份聚氨酯防水涂料现场施工

(b) 喷涂型非固化橡胶沥青防水涂料现场施工

| 图名 | 涂料防水层的选择及材质说明（三） | 图号 | FS2-18（三） |

3. 卷材防水层的选择

（1）采用"外防内贴"施工的明挖结构应优先选用能与现浇混凝土直接粘结，且有良好施工性能的预铺防水卷材，其性能指标应符合《预铺/湿铺防水卷材》GB/T 23457 的规定。如表 2.5-7 所示。

1）卷材外观质量、品种规格应符合现行国家或行业标准；

2）卷材及其胶粘剂应具有良好的耐水性、耐久性、耐刺穿性、耐腐蚀性。

（4）不同品种卷材的厚度应符合表 2.5-9 的规定。

预铺防水卷材性能指标表　　　　　表 2.5-7

序号	项目		指标
1	拉伸性能	拉力(N/50mm)≥	500
		膜断裂伸长率(%)≥	400
2	钉杆撕裂强度(N)≥		400
3	冲击性能		直径(10±0.1)mm,无渗漏
4	静态荷载		20kg,无渗漏
5	耐热性		70℃,2h,无位移、流淌、滴落
6	低温弯折性		−25℃,无裂纹
7	防窜水性		0.6MPa,不窜水
8	与后浇混凝土剥离强度(N/mm)≥	无处理	2.0
		水泥粉污染表面	1.5
		泥沙污染表面	1.5
		紫外线老化	1.5
		热老化	1.5
9	与后浇混凝土浸水后剥离强度(N/mm)≥		1.5
10	热老化 (70℃,168h)	拉力保持率(%)≥	90
		伸长率保持率(%)≥	80
		低温弯折性	−23℃,无裂纹
11	热稳定性	外观	无起皱、滑动、流淌
		尺寸变化(%)≤	2.0

（2）防水卷材的品种规程和层数的选择，应根据地下工程防水等级、地下水位高低及水压力作用状况、结构构造形式和施工工艺等因素确定。

（3）卷材防水层的卷材品种可按表 2.5-8 选用，并应符合下列规定：

卷材防水层的卷材品种表　　　　表 2.5-8

类别	品种名称
高聚物改性沥青类防水卷材	弹性体(SBS)改性沥青防水卷材
	（高聚物）改性沥青聚乙烯胎防水卷材(PEE)
	聚酯胎自粘聚合物改性沥青防水卷材
	无胎体自粘橡胶沥青防水卷材
合成高分子类防水卷材	三元乙丙橡胶防水卷材
	聚氯乙烯防水卷材
	聚乙烯丙纶复合防水卷材
	高密度聚乙烯自粘胶膜防水卷材

卷材防水层的厚度表　　　　表 2.5-9

卷材品种	高聚物改性沥青类防水卷材		合成高分子类防水卷材				
	弹性体改性沥青防水卷材、改性沥青聚乙烯胎防水卷材	自粘聚合物改性沥青聚酯胎防水卷材	自粘橡胶沥青防水卷材	三元乙丙橡胶防水卷材	聚氯乙烯防水卷材	聚乙烯丙纶复合防水卷材	高密度聚乙烯自粘胶膜防水卷材
单层厚度(mm)	≥4	≥3	≥1.5	≥1.5	≥1.5	≥0.7	≥1.2
双层总厚度(mm)	≥(4+3)	≥(3+3)	≥(1.5+1.5)	≥(1.2+1.2)	≥(1.2+1.2)		卷材（规定芯层厚度0.5）：≥(0.7+0.7) 粘结料：≥(1.3+1.3)

图名	卷材防水层的选择及材质说明（一）	图号	FS2-19（一）

(5) 高聚物改性沥青类防水卷材的主要物理性能应符合《地下工程防水技术规范》GB 50108 表 4.3.8 的规定。

(6) 合成高分子类防水卷材的主要物理性能应符合《地下工程防水技术规范》GB 50108 表 4.3.9 的规定。

(7) 聚乙烯丙纶复合防水卷材的性能，应符合《高分子增强复合防水片材》GB/T 26518 的规定。

(8) 高分子预铺防水卷材现场照片见图（a）；聚酯胎改性沥青预铺防水卷材现场照片见图（b）；SBS 改性沥青防水卷材现场照片见图（c）。

(b) 聚酯胎改性沥青预铺防水卷材

(a) 高分子预铺防水卷材

(c) SBS改性沥青预铺防水卷材

| 图名 | 卷材防水层的选择及材质说明（二） | 图号 | FS2-19（二） |

4. 膨润土防水毯

膨润土防水毯宜优先选用天然钠基膨润土防水毯，采用针刺覆膜法生产，其性能指标应符合《钠基膨润土防水毯》JG/T 193—2006的要求。如表2.5-10所示；膨润土防水毯现场施工照片见图(a)。

膨润土防水毯性能指标表　　　表2.5-10

序号	物理技术性能指标		性能要求
1	膨润土防水毯单位面积质量(g/m^2) ≥		4000且不小于规定值
2	膨润土膨胀指数(ml/2g) ≥		24
3	吸蓝量(g/100g) ≥		30
4	拉伸强度(N/100mm) ≥		700
5	最大负荷下伸长度(%) ≥		10
6	剥率强度(N/100mm) ≥	非织造布与编织布	40
		PE膜与非织造布	30
7	渗透系数(m/s) ≤		5.0×10^{-12}
8	耐静水压		0.6MPa,1h,无渗漏
9	滤矢量(mL) ≤		18
10	膨润土耐久性(mL/2g) ≥		20

(a) 膨润土防水毯现场照片

5. 塑料防水板

塑料防水板由于与现浇混凝土的粘结不密实易窜水，且防水板之间接缝质量难以控制，在明挖结构中较少采用，只是在结构顶板有种植要求时，可用来防止植物根系穿刺。

6. 金属防水层

金属板防水层由于重量大，造价高，一般轨道交通工程中很少采用，但对于一些抗渗要求较高、受施工工艺限制并兼有防水防冲撞等功能需要的工程也可采用金属板防水层。

图名	膨润土防水毯的选择及材质说明	图号	FS2-20

2.5.2 明挖结构外防水层施工说明

1. 外防水层的基面应符合如下规定。

(1) 无机防水涂料要求基面干净、平整、无浮浆和明显积水；

(2) 有机防水涂料要求基面基本干燥，无气孔、凹凸不平、蜂窝麻面等缺陷；

(3) 卷材防水层的基面应平整坚实、清洁，并符合所用卷材的施工要求，基面平整度应符合表 2.5-11 的要求。

防水材料基面平整度表　　表 2.5-11

防水材料种类	D/L
塑料防水板	≤1/6
膨润土防水毯	≤1/6
柔性防水卷材	≤1/20

注：D 是指围护结构基面相邻两凸面间凹进去的深度；L 是指围护结构基面相邻两凸面间的距离。基面 D/L 示意图见图(a)。

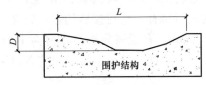

(a) 基面 D/L 示意图

2. 涂料、卷材防水层严禁在雨天、雾天、五级风及以上时施工。

3. 涂料防水层不得在施工环境温度低于 5℃ 及高于 35℃ 或烈日暴晒时施工。涂膜固化前如有降雨可能时，应及时做好已完涂层的保护工作。

4. 卷材防水层施工时，冷粘法、自粘法施工的环境气温不宜低于 5℃，热熔法、焊接法施工的环境气温不宜低于 -10℃。施工过程中下雨、下雪时，应做好已铺卷材的防护工作。

5. 涂料施工前，基层阴阳角应倒角或做成圆弧形。有机防水涂料施工完后应及时做保护层，保护层应符合下列规定：

(1) 顶、底板保护层厚度不应小于 70mm，顶板防水层与保护层之间宜设置隔离层；

(2) 侧墙背水面保护层应采用 20mm 厚 1:2.5 水泥砂浆；

(3) 侧墙迎水面保护层宜选用软质保护材料或 20mm 厚 1:2.5 水泥砂浆。

6. 防水涂料应分层刷涂或喷涂，涂层应均匀，不得漏刷漏涂；接槎宽度不应小于 100mm。防水涂料宜采用外防外涂。

7. 丙烯酸盐喷膜防水层厚度不小于 3.0mm，防水加强层厚度不小于 1.0mm。

| 图名 | 外防水层施工说明（一） | 图号 | FS2-21（一） |

8. 防水卷材施工前，基层的阴阳角应做成倒角或圆弧形，并涂刷基层处理剂；当基面潮湿时，应涂刷湿固化型胶粘剂或潮湿界面隔离剂。基层处理剂的配制与施工应符合下列要求：

（1）基层处理剂应与卷材及其粘结材料的材性相容；

（2）基层处理剂喷涂或刷涂应均匀一致，不露底，表面干燥后方可铺贴卷材。

9. 铺贴各类防水卷材应符合下列规定：

（1）铺设卷材加强层；

（2）结构底板垫层混凝土部位的卷材可采用空铺法或点粘法施工，其粘结位置、点粘面积按设计要求确定，侧墙采用外防外贴法的卷材及顶板部位的卷材应采用满粘法施工；

（3）卷材与基面、卷材与卷材间的粘结必须紧密、牢固，铺贴完成的卷材应平整顺直，搭接尺寸准确，不得产生扭曲和皱折；

（4）卷材搭接处和接头部位应粘贴牢固，接缝处宜采用材性相容的密封材料封严；

（5）铺贴立面卷材防水层时，应采取措施防止卷材下滑；

（6）铺贴双层卷材时，上下两层和相邻两幅卷材的接缝应错开 1/3～1/2 幅宽，且两层卷材不得相互垂直铺贴。

10. 不同品种防水卷材的搭接宽度应符合表 2.5-12 的要求。

防水卷材搭接宽度　　表 2.5-12

卷材品种	长边、短边搭接宽度
弹性体改性沥青防水卷材	100
改性沥青聚乙烯胎防水卷材	100
自粘聚合物改性沥青聚酯胎防水卷材	80
自粘橡胶沥青防水卷材	80
三元乙丙橡胶防水卷材	100/60（胶粘剂/胶粘带）
聚氯乙烯防水卷材	60/80（单焊缝/双焊缝）
	100
聚乙烯丙纶复合防水卷材	100（粘结料）
高密度聚乙烯自粘胶膜防水卷材	长边 70～80；短边 80（胶粘带）

（1）当不设保护墙时，从底面折向立面的卷材接槎部位应采取可靠的保护措施。

（2）混凝土结构完成，铺贴立面卷材时，应先将接槎部位的各层卷材揭开，并将其表面清理干净，如卷材有局部损伤，应及时进行修补；卷材接槎的搭接长度，高聚物改性沥青类卷材为 150mm，合成高分子类卷材为 100mm；当使用两层卷材时，卷材应错槎接缝，上层卷材应盖过下层卷材。

| 图名 | 外防水层施工说明（二） | 图号 | FS2-21（二） |

2.5.3 外防水层设计

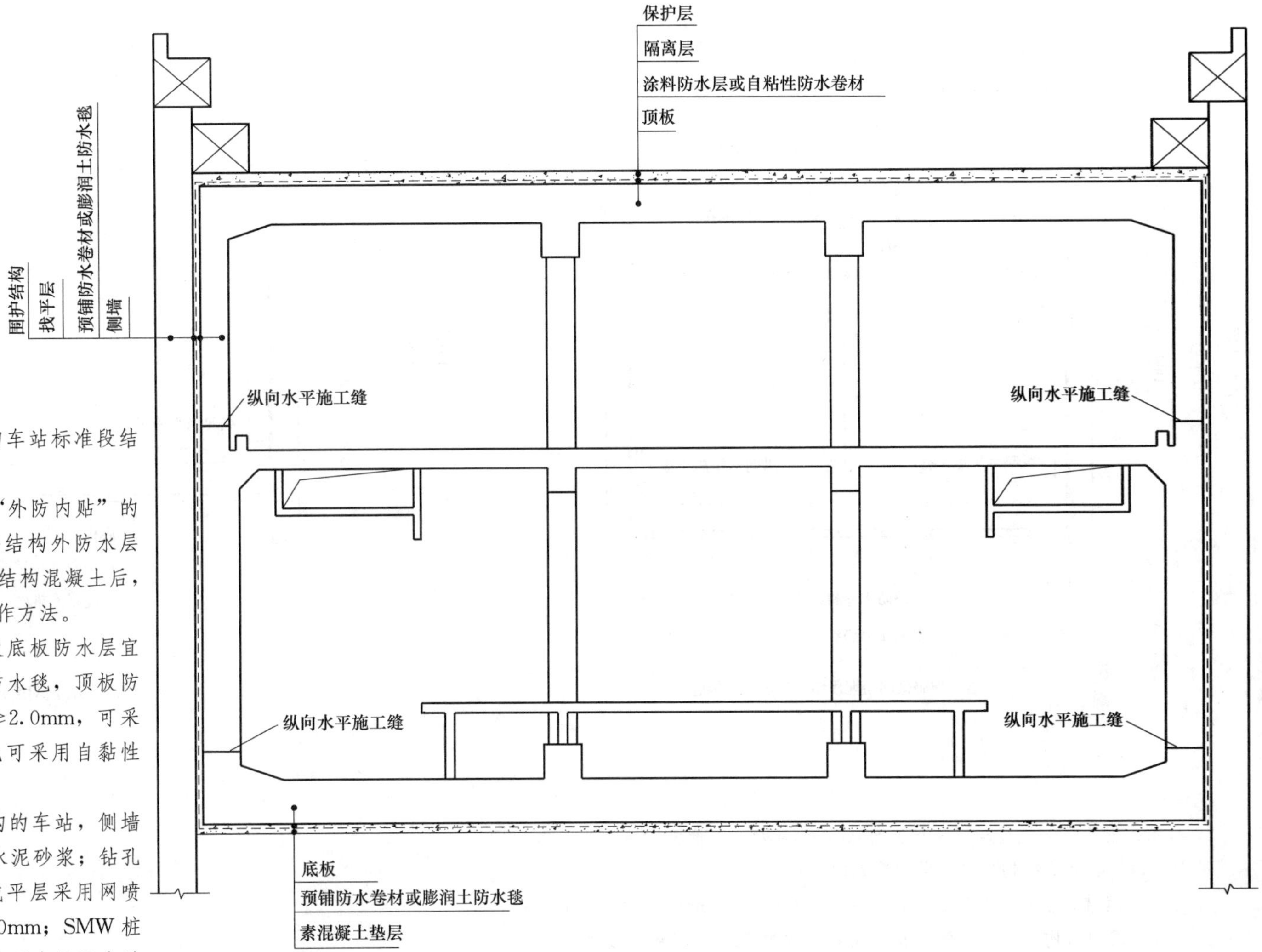

说明

1. 本图适用于复合式衬砌车站标准段结构防水，见图(a)。

2. 复合式衬砌车站采用"外防内贴"的方式施工侧墙防水层。即：将结构外防水层贴覆于围护结构内侧，待浇筑结构混凝土后，自然与结构结合的外防水层施作方法。

3. 复合式衬砌车站侧墙及底板防水层宜采用预铺防水卷材或膨润土防水毯，顶板防水层宜采用防水涂料，厚度≥2.0mm，可采用人工刮涂也可采用喷涂；也可采用自黏性防水卷材。

4. 地下连续墙作围护结构的车站，侧墙找平层采用20mm厚1:2.5水泥砂浆；钻孔桩作围护结构的车站，侧墙找平层采用网喷混凝土，随抹随光，最薄处80mm；SMW桩作围护结构的车站，应先将桩面清理干净并铲平，然后侧墙设置隔离层，避免拔出型钢时破坏防水层。

(a) 复合式衬砌车站外防水层构造

| 图名 | 复合式衬砌车站外防水层构造 | 图号 | FS2-22 |

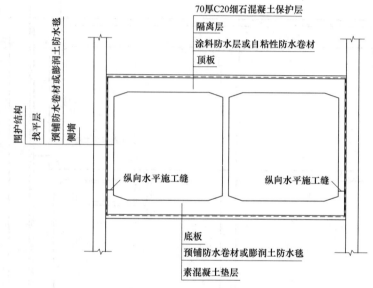

(a) 复合式衬砌区间暗埋段结构外防水层构造

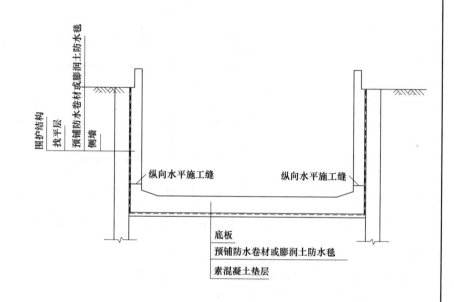

(b) 复合式衬砌区间敞开段结构外防水层构造

说明
1. 本图适用于复合式衬砌明挖区间标准段结构防水，暗埋段结构外防水层构造见图(a)；敞开段结构外防水层构造见图(b)。
2. 地下连续墙作围护结构的区间，侧墙找平层采用20mm厚1:2.5水泥砂浆；钻孔桩作围护结构的区间，侧墙找平层采用网喷混凝土，随抹随光，最薄处80mm；SMW桩作围护结构的区间，应先将桩面清理干净并铲平，然后侧墙设置纸胎油毡隔离层，避免拔出型钢时破坏防水层。

| 图名 | 复合式衬砌区间外防水层构造 | 图号 | FS2-23 |

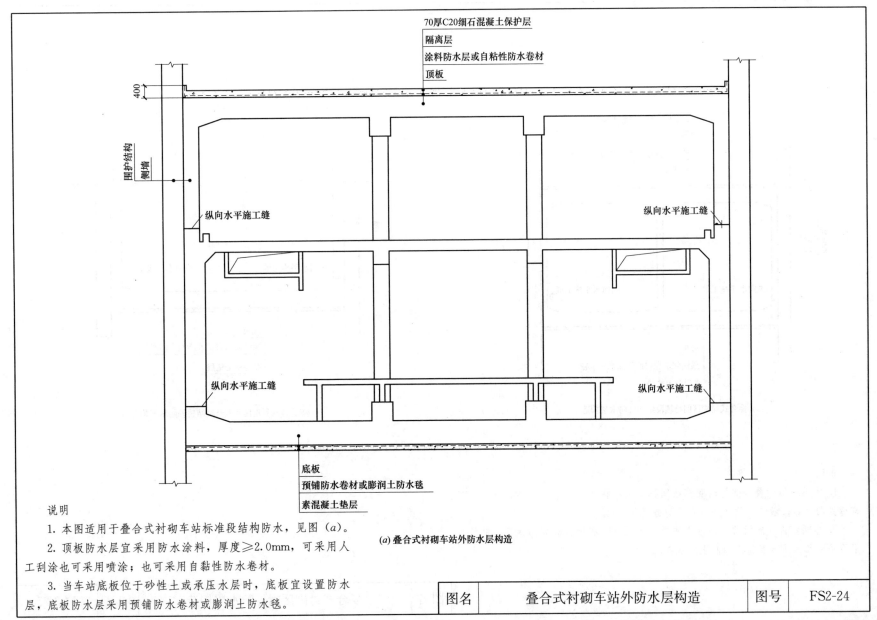

(a) 叠合式衬砌车站外防水层构造

说明
1. 本图适用于叠合式衬砌车站标准段结构防水，见图(a)。
2. 顶板防水层宜采用防水涂料，厚度≥2.0mm，可采用人工刮涂也可采用喷涂；也可采用自黏性防水卷材。
3. 当车站底板位于砂性土或承压水层时，底板宜设置防水层，底板防水层采用预铺防水卷材或膨润土防水毯。

| 图名 | 叠合式衬砌车站外防水层构造 | 图号 | FS2-24 |

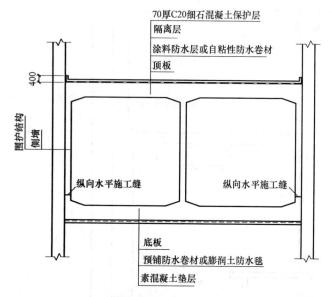

(a) 叠合式衬砌区间暗埋段结构外防水层构造

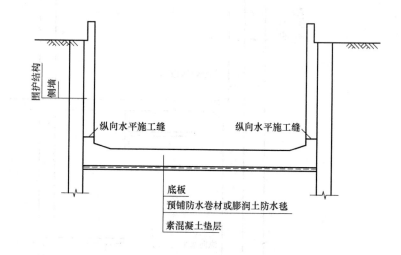

(b) 叠合式衬砌区间敞开段结构外防水层构造

说明
1. 本图适用于叠合式衬砌明挖区间标准段结构防水。暗埋段结构外防水层构造见图（a）；敞开段结构外防水层构造见图（b）。
2. 当明挖区间底板位于砂性土或承压水层时，底板宜设置防水层，底板防水层采用预铺防水卷材或膨润土防水毯。

| 图名 | 复合式衬砌区间外防水层构造 | 图号 | FS2-25 |

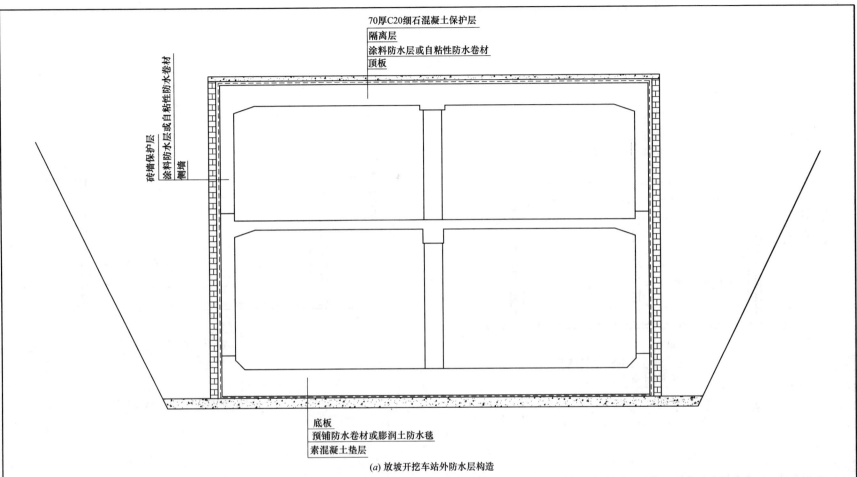

(a) 放坡开挖车站外防水层构造

说明
1. 本图适用于放坡开挖车站标准段结构防水，见图（a）。分离式衬砌车站的外防水层设计参考本图。
2. 放坡开挖及分离式车站即可采用"外防内帖"的方式施工侧墙防水层。也可采用"外防外贴（涂）"的方式施工防水层。即：内衬结构施工完成后，在结构外侧施作外防水层；

3. 顶板及侧墙防水层宜采用防水涂料，厚度≥2.0mm，可采用人工刮涂也可采用喷涂；也可采用自黏性防水卷材。
4. 底板防水层以采用预铺防水卷材或膨润土防水毯。

| 图名 | 放坡开挖车站外防水层构造 | 图号 | FS2-26 |

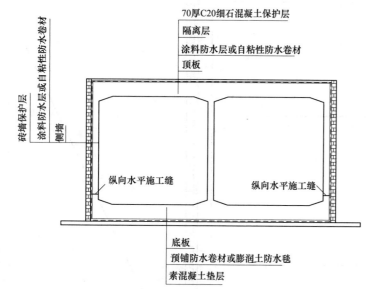

(a) 放坡开挖区间暗埋段结构外防水层构造

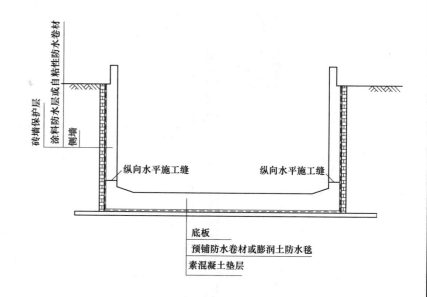

(b) 放坡开挖区间敞开段结构外防水层构造

说明

本图适用于放坡开挖车明挖区间准段结构防水。暗埋段结构外防水层构造见图(a)；敞开段结构外防水层构造见图(b)。分离式衬砌区间的外防水层设计参考本图。

| 图名 | 放坡开挖区间外防水层构造 | 图号 | FS2-27 |

2.6 细部节点防水

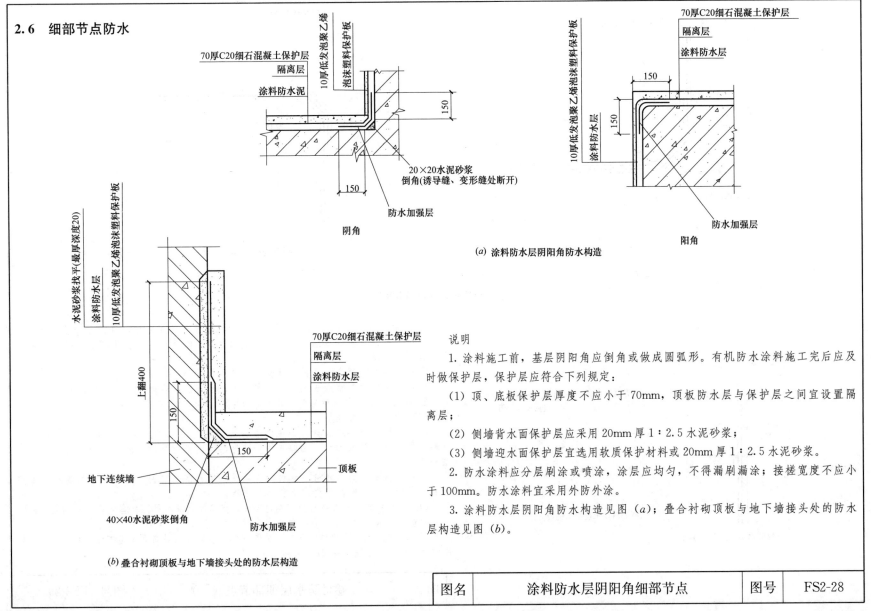

说明

1. 涂料施工前，基层阴阳角应倒角或做成圆弧形。有机防水涂料施工完后应及时做保护层，保护层应符合下列规定：

（1）顶、底板保护层厚度不应小于70mm，顶板防水层与保护层之间宜设置隔离层；

（2）侧墙背水面保护层应采用20mm厚1∶2.5水泥砂浆；

（3）侧墙迎水面保护层宜选用软质保护材料或20mm厚1∶2.5水泥砂浆。

2. 防水涂料应分层刷涂或喷涂，涂层应均匀，不得漏刷漏涂；接槎宽度不应小于100mm。防水涂料宜采用外防外涂。

3. 涂料防水层阴阳角防水构造见图（a）；叠合衬砌顶板与地下墙接头处的防水层构造见图（b）。

| 图名 | 涂料防水层阴阳角细部节点 | 图号 | FS2-28 |

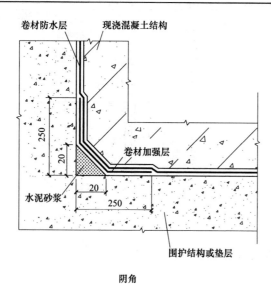
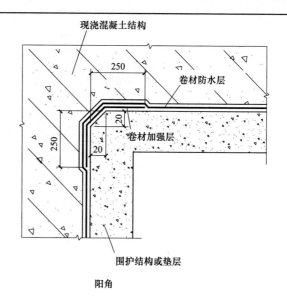

(a) 卷材防水层阴阳角防水构造

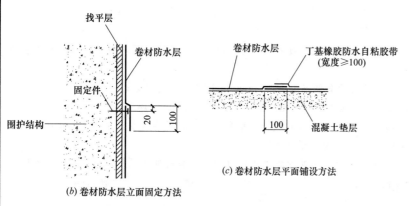

(b) 卷材防水层立面固定方法　　(c) 卷材防水层平面铺设方法

说明

1. 防水卷材施工前，基层的阴阳角应做成倒角或圆弧形，并涂刷基层处理剂；当基面潮湿时，应涂刷湿固化型胶粘剂或潮湿界面隔离剂。基层处理剂的配制与施工应符合下列要求：

(1) 基层处理剂应与卷材及其粘结材料的材性相容；

(2) 基层处理剂喷涂或刷涂应均匀一致，不露底，表面干燥后方可铺贴卷材。

2. 铺贴各类防水卷材应符合下列规定：

(1) 铺设卷材加强层；

(2) 结构底板垫层混凝土部位的卷材可采用空铺法或点粘法施工，其粘结位置、点粘面积按设计要求确定，侧墙采用外防外贴法的卷材及顶板部位的卷材应采用满粘法施工；

(3) 卷材与基面、卷材与卷材间的粘结必须紧密、牢固，铺贴完成的卷材应平整顺直，搭接尺寸准确，不得产生扭曲和皱折；

(4) 卷材搭接处和接头部位应粘贴牢固，接缝处宜采用材性相容的密封材料封严；铺贴立面卷材防水层时，应采取措施防止卷材下滑；

(5) 卷材防水层阴阳角防水构造见图(a)；卷材防水层立面固定方法见图(b)；卷材防水层平面铺设方法见图(c)。

| 图名 | 卷材防水层细部节点（一） | 图号 | FS2-29（一） |

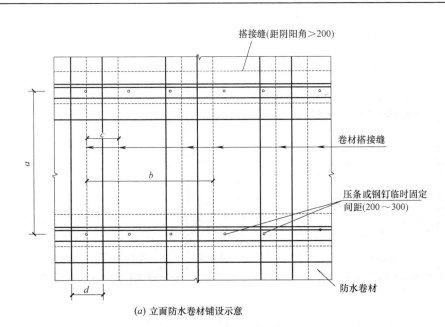

(a) 立面防水卷材铺设示意

a—主面一次铺设高度；b—防水卷材每幅宽度；
c—搭接宽度100mm；d—自粘胶条封缝宽度≥80mm

说明

1. 防水层采用机械固定法固定于桩或垫层表面，固定点距卷材边缘2cm处，钉距不大于50cm。钉长不得小于3cm，且配合垫片将防水层牢固地固定在基层表面，垫片直径不小于2cm。避免浇筑混凝土时脱落。

2. 防水层破损部位应采用同材质材料进行修补，补丁满粘在破损部位，补丁四周距破损边缘的最小距离不小于10cm。

3. 立面防水卷材铺设示意见图（a）；防水卷材现场固定照片见图（b）及图（c）。

(b) 防水卷材现场固定（一）

(c) 防水卷材现场固定（二）

| 图名 | 卷材防水层细部节点（二） | 图号 | FS2-29（二） |

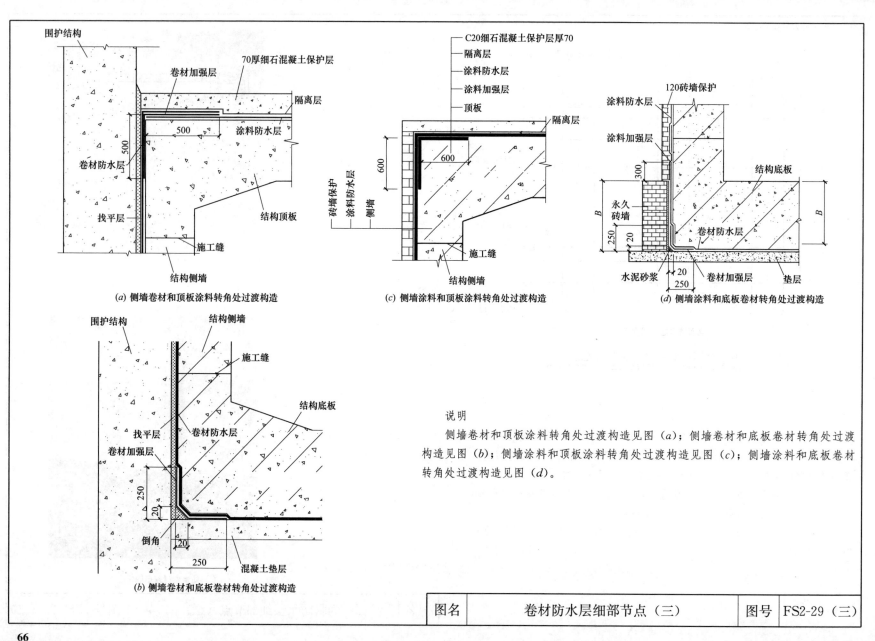

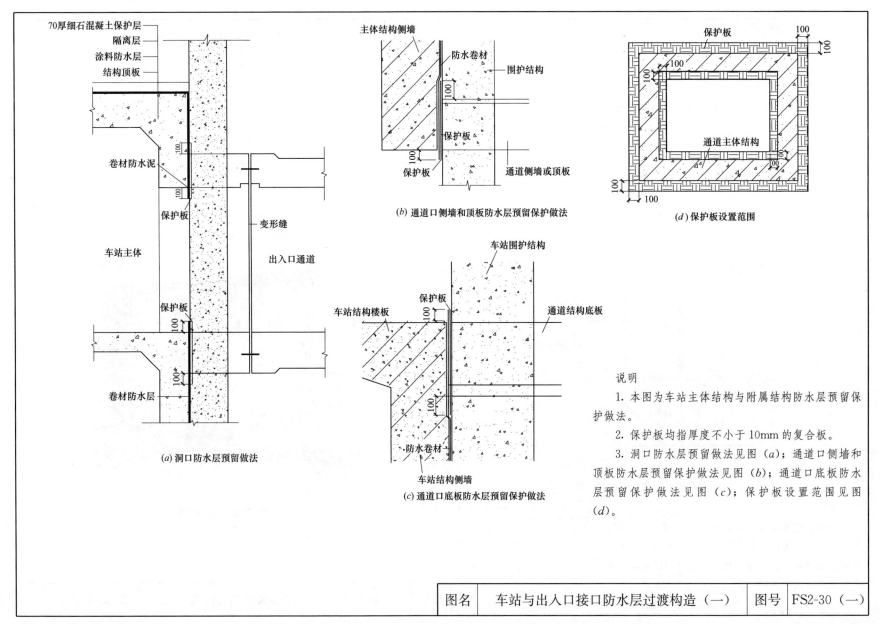

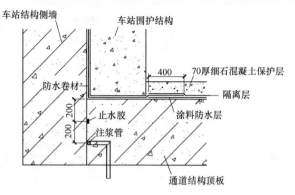

(a) 车站侧墙与通道顶板接头防水构造

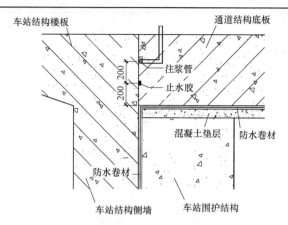

(c) 车站侧墙与通道底板接头防水构造

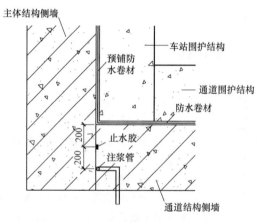

(b) 车站侧墙与通道侧墙接头防水构造

(d) 洞口防水层预留现场照片

说明

车站侧墙与通道顶板接头防水构造见图（a）；车站侧墙与通道侧墙接头防水构造见图（b）；车站侧墙与通道底板接头防水构造见图（c）；洞口防水层预留现场照片见图（d）。

| 图名 | 车站与出入口接口防水层过渡构造（二） | 图号 | FS2-30（二） |

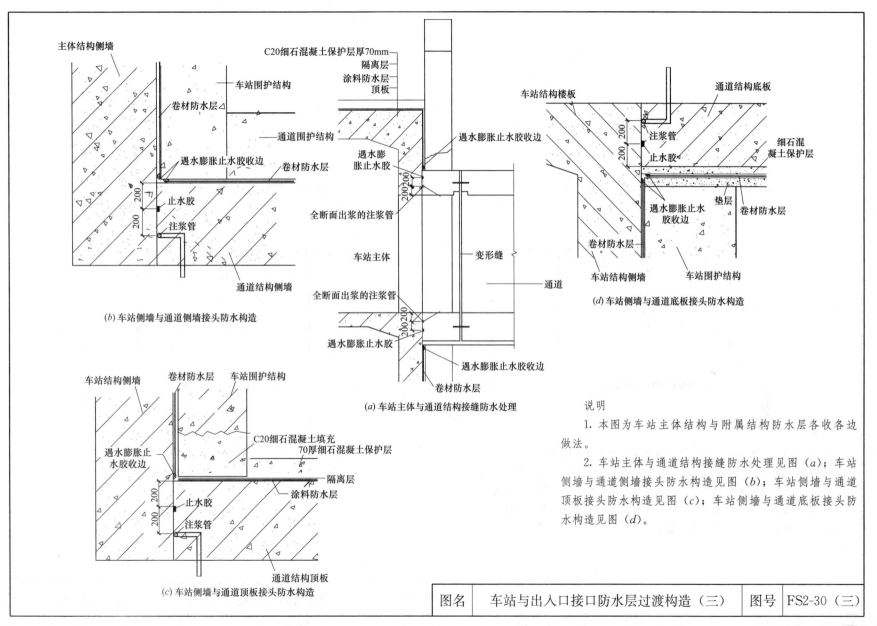

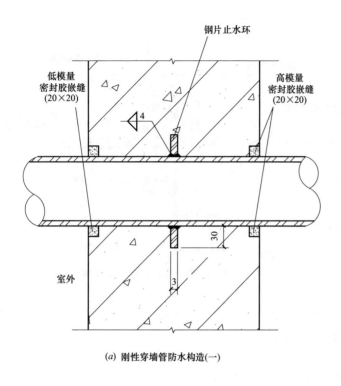

(a) 刚性穿墙管防水构造(一)

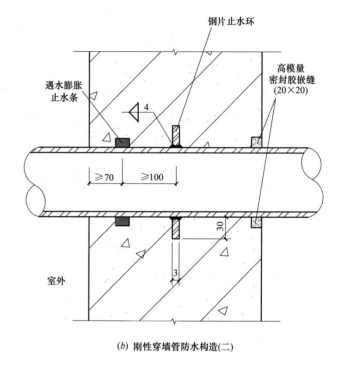

(b) 刚性穿墙管防水构造(二)

说明
1. 采用钢片止水环结合迎水面嵌缝的刚性穿墙管防水构造见图（a）；
采用钢片止水环结合遇水膨胀止水条的刚性穿墙管防水构造见图（b）；
2. 当墙外侧有附加防水层时，防水层与穿墙管的搭接应按有关规定施工。
3. 当穿墙管管径较小时，钢片止水环也可用遇水膨胀止水条替代。
4. 遇水膨胀密封胶应为单组分聚氨酯类。

| 图名 | 穿墙管防水构造（一） | 图号 | FS2-31（一） |

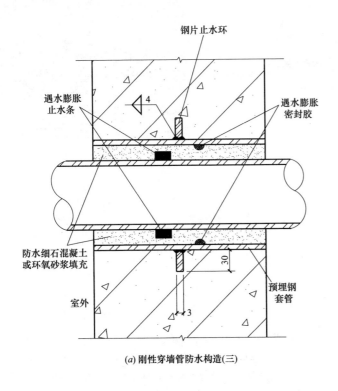

(a) 刚性穿墙管防水构造(三)

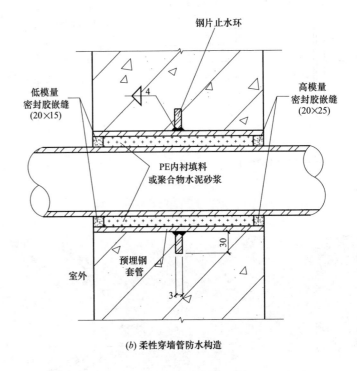

(b) 柔性穿墙管防水构造

说明

1. 刚性穿墙管防水构造见图(a)；柔性穿墙管防水构造见图(b)。
2. 当墙外侧有附加防水层时，防水层与穿墙管的搭接应按有关规定施工。
3. 图(a)中遇水膨胀密封胶和遇水膨胀止水条应于穿墙管插入预埋套管之前分别灌注与缠绕于预埋套管的内壁和穿墙管的外壁。
4. 遇水膨胀密封胶应为单组分聚氨酯类。

图名	穿墙管防水构造（二）	图号	FS2-31（二）

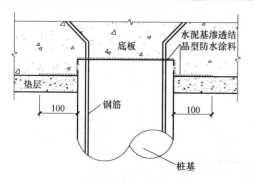

(a) 桩头防水处理(一)

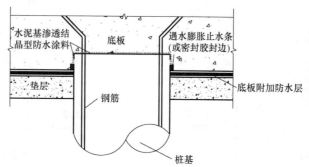

(b) 桩头防水处理(二)

(d) 桩头现场防水施工照片(二)

(c) 桩头现场防水施工照片(一)

说明

1. 底板无附加防水层的桩头防水见图（a）；底板有附加防水层的桩头防水见图（b）。桩头防水现场施工照片见图（c）、图（d）。

2. 当底板有附加防水层时，则应在桩头部位将防水层割除，并沿桩周用遇水膨胀止水条或密封胶封边，于桩头裸露处涂刷水泥基渗透结晶型防水涂料。

3. 水泥基渗透结晶型防水涂料用量≥2kg/m²。

4. 本图中的水泥基渗透结晶型防水涂料均可用具有界面剂功效的聚合物水泥砂浆（10mm厚）替代。

5. 为防止地下水渗入后从桩头沿钢筋上渗，也有在桩头基面对每根钢筋包绕遇水膨胀止水条的做法，但该方法较繁琐，不宜推荐。

| 图名 | 桩头防水节点构造 | 图号 | FS2-32 |

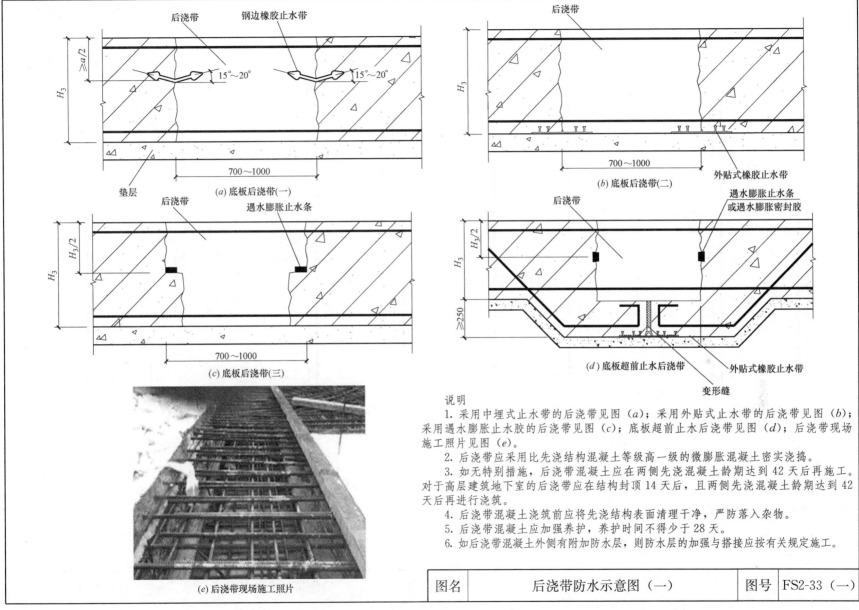

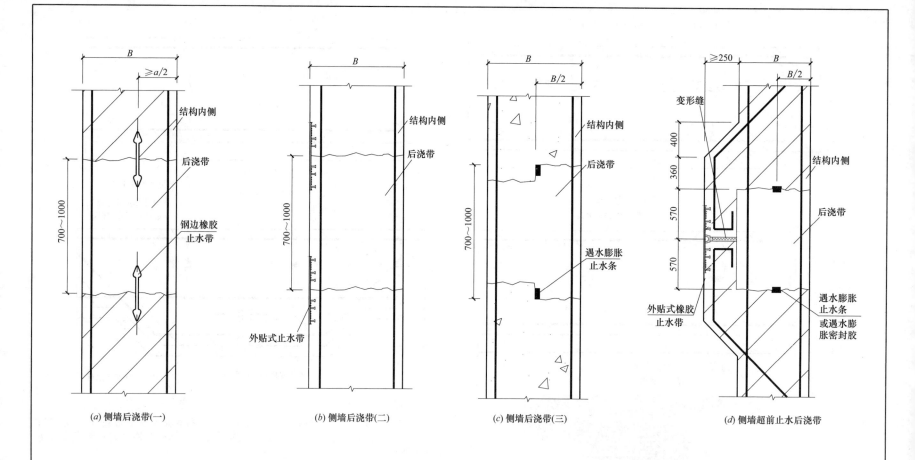

说明:
采用中埋式止水带的后浇带见图(a);采用外贴式止水带的后浇带见图(b);采用遇水膨胀止水胶的后浇带见图(c);侧墙超前止水后浇带见图(d)。

| 图名 | 后浇带防水示意图（二） | 图号 | FS2-33（二） |

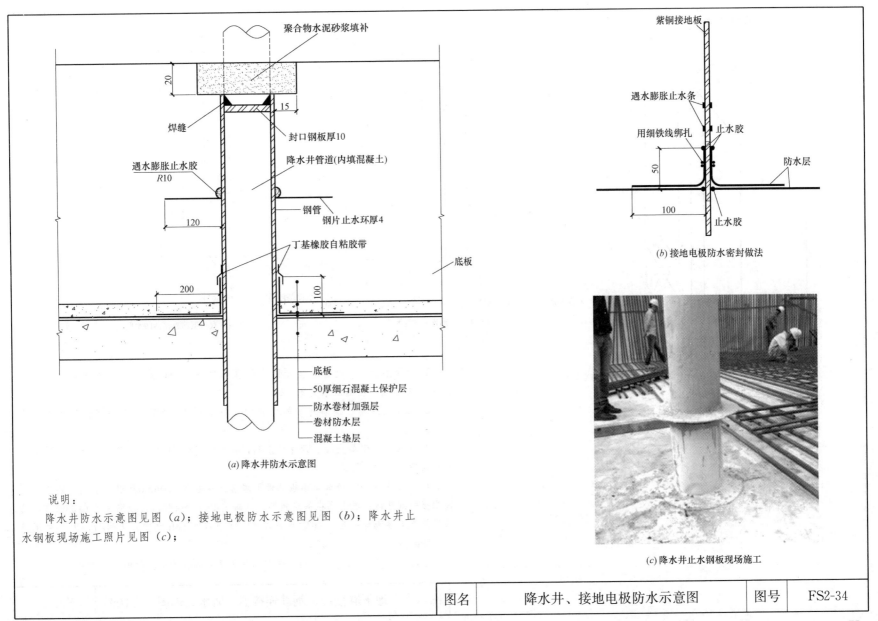

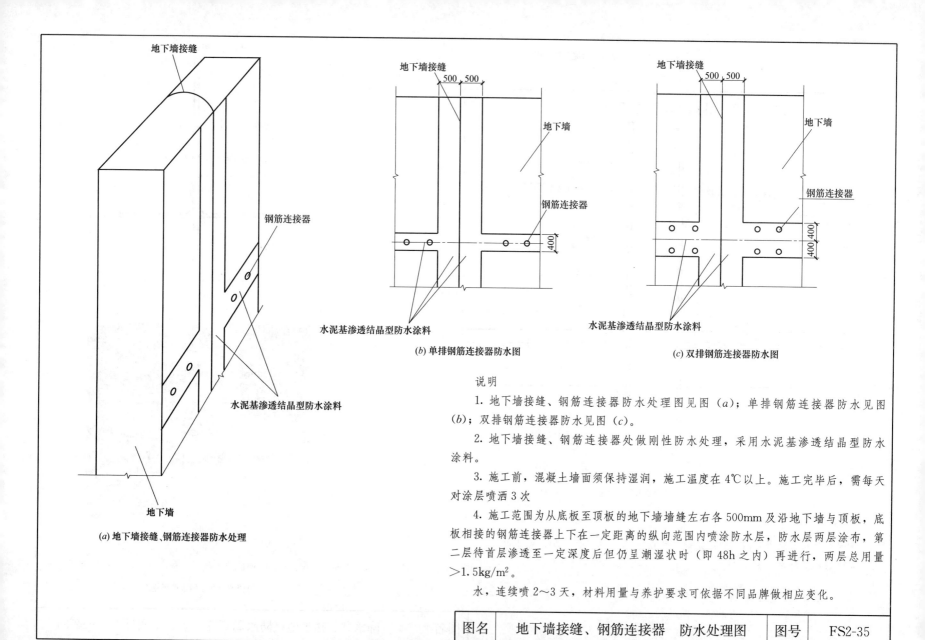

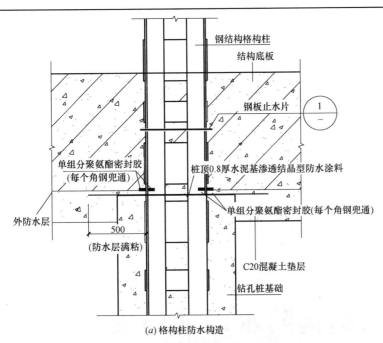

(a) 格构柱防水构造

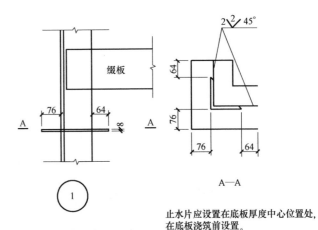

(b) 止水片做法

止水片应设置在底板厚度中心位置处，在底板浇筑前设置。

说明

格构柱防水构造见图（a）；止水片做法见图（b）；格构柱止水钢板现场照片见图（c）；格构柱施工现场照片见图（d）。

(c) 格构柱止水钢板现场照片

(d) 格构柱施工现场

| 图名 | 格构柱防水示意图 | 图号 | FS2-36 |

3 城市轨道交通矿山法结构防水设计与施工

3.1 概述

矿山法结构包括采用矿山法施工的车站及区间，其防水设计应根据工程地质、水文地质状况、结构特点、施工方法、环境条件和气候条件等因素进行，结构应采用防水混凝土。矿山法结构工程防水等级的划分，除特殊地段外，按照本图集第1章的规定执行。对车站及区间有影响的地表沟谷和坑洼的积水、渗水，应采用疏导、勾补、铺砌和填平等措施。附属洞室与正洞连接处的防水标准应与正洞标准一致。

对可能渗入车站或区间的水库、池沼、溪流、井泉水，应按照"以堵为主、限量排放"的原则，在设计中提出处理措施。并应根据地下水水量、水压的情况，选择相应的注浆堵水措施。围岩破碎、富水、易坍塌地段及可能存在突水、突泥的地段，应采用注浆加固围岩等措施，并应采取分段隔离防水措施；其衬砌结构应考虑水压的影响，加强后的衬砌结构承受水压能力不宜小于0.5MPa。衬砌结构应采用防水混凝土，其抗渗等级不小于P10。

特殊工程地段及抗渗等级较高的现浇混凝土内表面防水，可采用无机防水涂料防水层，其材料应具有良好的耐水性、耐久性、耐腐蚀性，且无毒、难燃、并具有良好的湿、干粘结性和耐磨性。

喷射混凝土应符合《锚杆喷射混凝土支护技术规范》GB 50086的规定。应采用潮喷和湿喷，不得采用干喷。单层衬砌喷射混凝土的抗渗等级应不小于P8，喷射混凝土厚度应大于80mm。初期支护喷射混凝土，3h初期强度应达到1.5MPa，24h强度达到5.0MPa。采用湿式喷射混凝土时，应采用中性或无碱液体速凝剂；外加剂掺入后应不降低混凝土与围岩的粘结力，不应对混凝土的早期强度及后期强度带来不利影响。

二次衬砌混凝土的接缝，应满足密封防水、施工方便、维护容易等要求。防水处理后的接缝处其抗渗指标应不低于衬砌本体的抗渗指标，宜选用设置预埋式注浆防水系统等可维护的防水构造形式及材料。衬砌结构中的埋设件宜预先埋设。隧道内安装支架等的后钻孔眼，应做防水处理。

矿山法结构防水设计的内容应包括：
（1）选定防水等级和设防要求；
（2）防水混凝土的抗渗等级和其他技术指标、质量保证措施；
（3）接缝与防水层选用的材料及其技术指标、质量保证措施；
（4）工程细部构造的防水措施，选用的材料及其技术指标、质量保证措施；
（5）工程的防排水系统、质量保证措施。

矿山法混凝土结构自防水及耐久性设计内容与明挖法结构基本一致，详见本图集2章相关内容。

矿山法结构开挖现场照片见图（a）；矿山法结构二衬施工现场照片见图（b）。

(a) 矿山法结构开挖现场照片

(b) 矿山法结构二衬施工现场

| 图名 | 矿山法结构防水概况 | 图号 | FS3-01 |

3.2 矿山法结构接缝防水

3.2.1 一般规定

（1）矿山法结构以施工缝、变形缝等接缝防水为重点。

（2）结构的环向垂直施工缝设置间距宜为15m左右，纵向施工缝根据施工组织要求布置。

（3）车站主体结构一般不设变形缝，变形缝设于主体结构与附属结构接口处以及矿山法区间，变形缝处混凝土结构厚度不应小于300mm。

（4）矿山法结构各类接缝防水措施可根据工程防水等级，按表3.2-1要求选用：

矿山法结构接缝防水措施

表 3.2-1

工程部位		二衬施工缝						二衬变形缝（诱导缝）				
防水措施		外贴式止水带	预埋注浆管	遇水膨胀止水条(胶)	防水密封材料	中埋式止水带	水泥基渗透结晶型防水涂料	中埋式止水带	外贴式止水带	可卸式止水带	防水密封材料	遇水膨胀止水条(胶)
防水等级	一级	应选1～2种						应选	应选1～2种			
	二级	应选1种						应选	应选1种			

| 图名 | 矿山结构接缝防水措施 | 图号 | FS3-02 |

3.2.2 接缝防水示意图

1. 环向施工缝

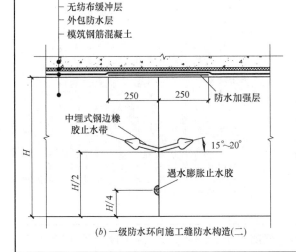

(a) 一级防水环向施工缝防水构造(一)

(b) 一级防水环向施工缝防水构造(二)

(c) 钢边橡胶止水带现场施工(一)

(d) 钢边橡胶止水带现场施工(二)

说明

1. 本图适用于防水等级为一级的矿山法结构环向施工缝。采用钢边橡胶止水带结合注浆管的施工缝防水构造见图(a)；采用钢边橡胶止水带结合遇水膨胀止水胶的施工缝防水构造见图(b)；钢边橡胶止水带现场施工照片见图(c)、图(d)。

2. 除本图所选用的止水带（条）外，设计及施工单位还可根据不同的工程实际情况及经验，采用其他种类的止水带（条）。

3. 为了达到理想的止水效果，在水平施工缝中还可采用不同种类的止水带（条）组合使用，设计及施工单位还可根据不同工程的实际情况及经验采用其他的组合。

图名	一级设防环向施工缝防水示意图（一）	图号	FS3-03（一）

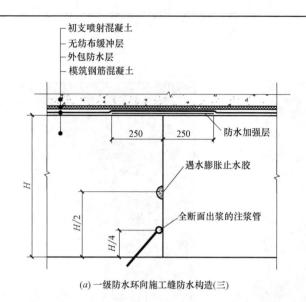

(a) 一级防水环向施工缝防水构造(三)

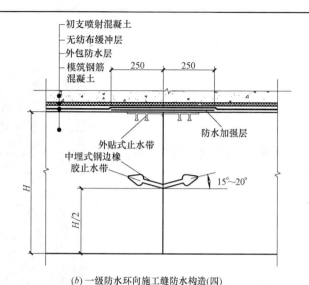

(b) 一级防水环向施工缝防水构造(四)

(c) 外贴式止水带现场施工

(d) 预埋式注浆管及其导管现场施工

说明
1. 本图适用于防水等级为一级的矿山法结构环向施工缝。采用钢边橡胶止水带结合外贴式止水带的施工缝防水构造见图(a)；采用注浆管结合遇水膨胀止水胶的施工缝防水构造见图(b)；外贴式止水带现场施工照片见图(c)、注浆管现场施工见图(d)。
2. 除本图所选用的止水带(条)外，设计及施工单位还可根据不同的工程实际情况及经验，采用其他种类的止水带(条)。
3. 为了达到理想的止水效果，在水平施工缝中还可采用不同种类的止水带(条)组合使用，设计及施工单位还可根据不同工程的实际情况及经验采用其他的组合。

| 图名 | 一级设防环向施工缝防水示意图（二） | 图号 | FS3-03（二） |

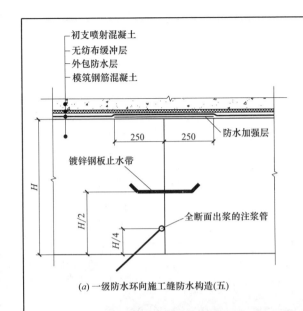

(a) 一级防水环向施工缝防水构造(五)

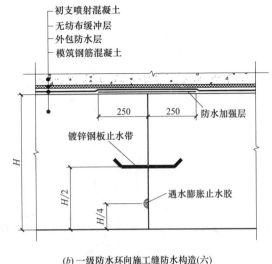

(b) 一级防水环向施工缝防水构造(六)

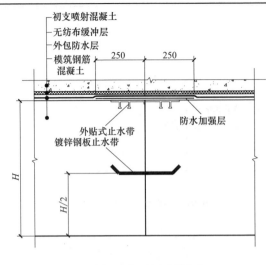

(c) 一级防水环向施工缝防水构造(七)

(d) 钢板止水带现场施工

说明

1. 本图适用于防水等级为一级的矿山法结构环向施工缝。采用钢板止水带结合注浆管的施工缝防水构造见图(a)；采用钢板止水带结合遇水膨胀止水胶的施工缝防水构造见图(b)；采用钢板止水带结合外贴式止水带的施工缝防水构造见图(c)，钢板止水带现场施工照片见图(d)。

2. 除本图所选用的止水带（条）外，设计及施工单位还可根据不同的工程实际情况及经验，采用其他种类的止水带（条）。

3. 为了达到理想的止水效果，在水平施工缝中还可采用不同种类的止水带（条）组合使用，设计及施工单位还可根据不同工程的实际情况及经验采用其他的组合。

| 图名 | 一级设防环向施工缝防水示意图（三） | 图号 | FS3-03（三） |

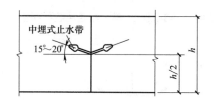

(a) 中楼板施工缝防水构造（一）

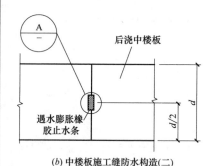

(b) 中楼板施工缝防水构造（二）

(c) 边拱与楼板施工缝中埋式止水带位置关系图

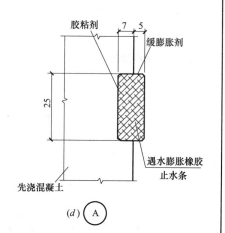

(d) A

说明
矿山法结构楼板施工缝宜设置钢边橡胶止水带或遇水膨胀止水条。若采用钢边橡胶止水带，则止水带在内衬中上翻300mm。

| 图名 | 一级设防环向施工缝防水示意图（四） | 图号 | FS3-03（四） |

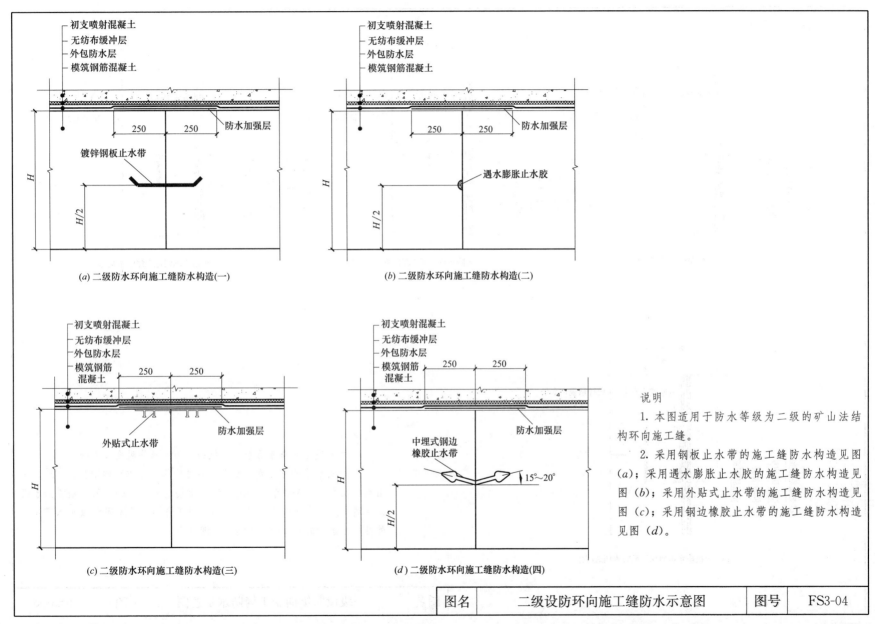

2. 纵向施工缝

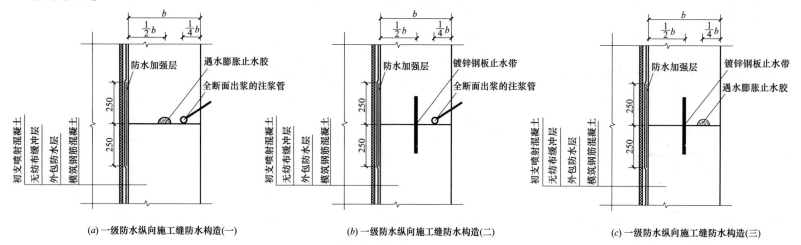

(a) 一级防水纵向施工缝防水构造(一)　　(b) 一级防水纵向施工缝防水构造(二)　　(c) 一级防水纵向施工缝防水构造(三)

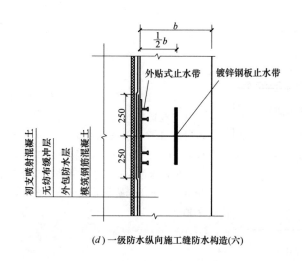

(d) 一级防水纵向施工缝防水构造(六)

说明
1. 本图适用于防水等级为一级的矿山法结构纵向施工缝。
2. 采用遇水膨胀止水胶结合注浆管的施工缝防水构造见图(a)，采用钢板止水带结合注浆管的施工缝防水构造见图(b)；采用钢板止水带结合遇水膨胀止水胶的施工缝防水构造见图(c)；采用钢板止水带结合外贴式止水带的施工缝防水构造见图(d)。

| 图名 | 一级设防纵向施工缝防水示意图 | 图号 | FS3-05 |

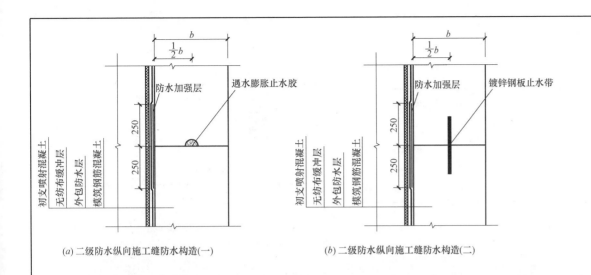

(a) 二级防水纵向施工缝防水构造(一)　　(b) 二级防水纵向施工缝防水构造(二)　　(c) 二级防水纵向施工缝防水构造(三)

(d) 钢板止水带现场施工(二)

说明
1. 本图适用于防水等级为二级的矿山法结构纵向施工缝。
2. 采用遇水膨胀止水胶的施工缝防水构造见图(a)；采用钢板止水带的施工缝防水构造见图(b)；采用外贴式止水带的施工缝防水构造见图(c)。钢板止水带现场施工照片见图(d)。

| 图名 | 二级设防纵向施工缝防水示意图 | 图号 | FS3-06 |

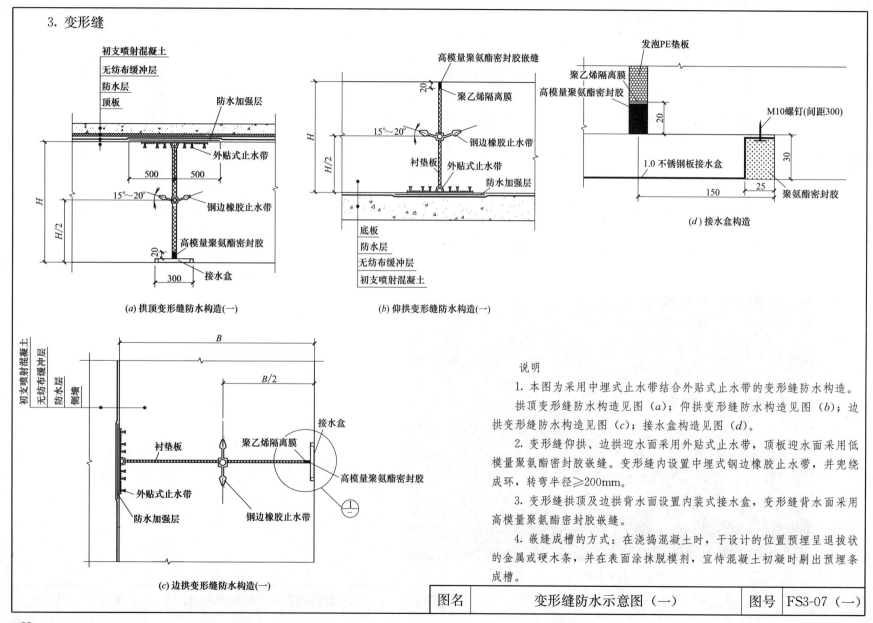

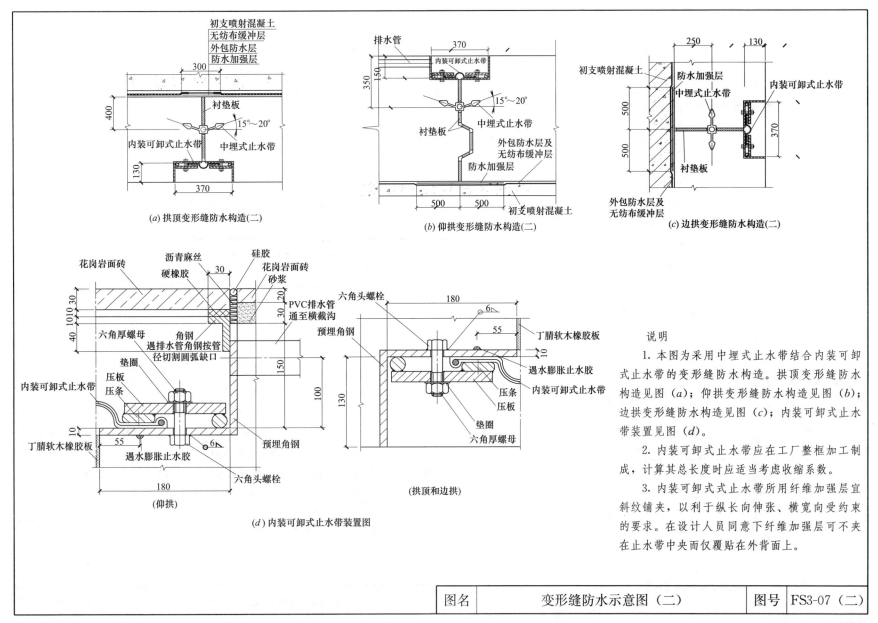

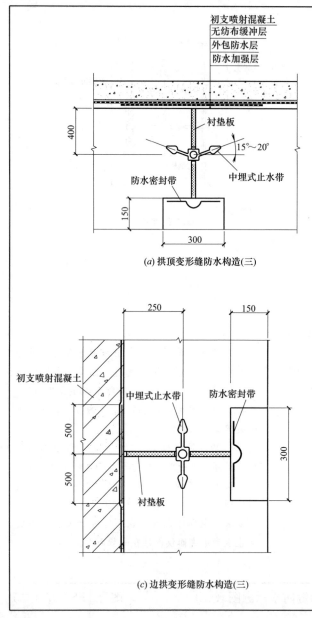

(a) 拱顶变形缝防水构造(三)

(c) 边拱变形缝防水构造(三)

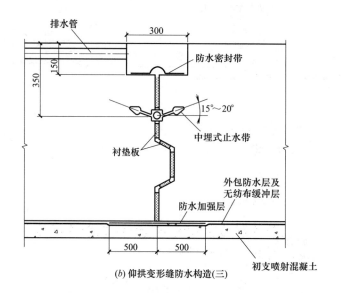

(b) 仰拱变形缝防水构造(三)

说明

1. 本图为采用中埋式止水带结合防水密封带的变形缝防水构造。拱顶变形缝防水构造见图（a）；仰拱变形缝防水构造见图（b）；边拱变形缝防水构造见图（c）。

2. 防水密封带是一种由丁腈橡胶组成、带有锚固孔和织物纹理表面的灰色弹性橡胶密封带。两边各有30mm宽的锚固孔，在干燥表面或潮湿表面采用配套的胶粘剂即可应用。

3. 防水密封带采用与其配套的胶粘剂搭接，搭接长度至少10mm，搭接完毕后再安装至混凝土基面。

图名	变形缝防水示意图（三）	图号	FS3-07（三）

4. 矿山法结构接缝防水材料断面示意图

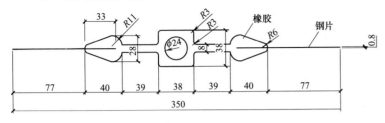

(a) 变形缝用中埋式钢边橡胶止水带

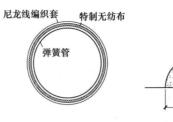

(d) 全断面出浆的注浆管

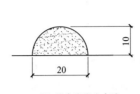

(e) 遇水膨胀止水胶

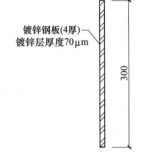

(f) 镀锌钢板止水带

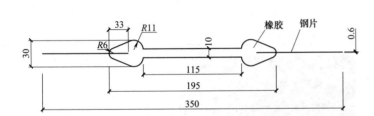

(b) 施工缝用中埋式钢边橡胶止水带

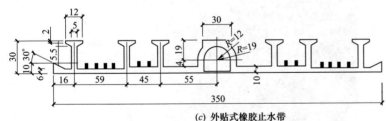

(c) 外贴式橡胶止水带

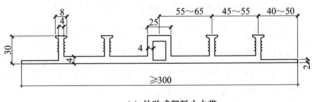

(g) 外贴式塑料止水带

说明

变形缝用中埋式钢边橡胶止水带见图（a）；施工缝用中埋式钢边橡胶止水带见图（b）；外贴式橡胶止水带见图（c）；全断面出浆的注浆管见图（d）；遇水膨胀止水胶见图（e）；镀锌钢板止水带见图（f）；外贴式塑料止水带见图（g）。

| 图名 | 接缝防水材料断面示意图 | 图号 | FS3-08 |

3.2.3 矿山法结构接缝防水材料材质说明

1. 止水带宜采用橡胶、塑料（PVC）、橡塑（氯乙烯合成橡胶）或金属止水带等，橡胶止水带和钢边橡胶止水带不得采用再生橡胶，塑料止水带不得采用再生塑料；

2. 对于高水压、预计变形大的地段，施工缝、变形缝施工宜选用钢边橡胶止水带；

3. 中埋式止水带宜选用橡胶止水带或钢边橡胶止水带，当遇有腐蚀性介质时宜选用氯丁橡胶止水带，橡胶止水带的防霉等级应不小于 2 级；在低温情况下，宜选用三元乙丙橡胶止水带。

4. 矿山法结构如选用塑料防水板作为全包防水层，则变形缝或施工缝所设置的外贴式止水带材质应与塑料防水板材质一致。如图（a）所示。

5. 中埋式止水带的宽度宜控制在 300～350mm，并应视水压力大小、混凝土结构厚度而调整。

6. 变形缝嵌缝材料及背衬材料应符合下列规定：

1）处于背水面的嵌缝材料的拉伸模量应大于等于 0.4MPa；嵌缝材料的最大伸长率应大于 300%，拉伸——压缩循环性能的级别不应小于 80/20（80℃时，拉伸——压缩率不小于±20%），与混凝土具有良好粘接性能和抗老化性能；

2）嵌缝材料宜选聚硫或聚氨酯类建筑密封胶的一等品或优等品；

3）背衬材料的设置应符合设计要求。

7. 变形缝填缝材料应符合下列要求：

1）填缝板板质宜选用聚乙烯泡沫塑料板材或沥青木丝板；

2）聚乙烯泡沫塑料板的物理力学性能应满足表 3.2-2 的要求。

聚乙烯泡沫塑料板物理力学性能表　　表 3.2-2

项目	指标
表观密度(g/cm³)	0.10～0.19
抗拉强度(N/mm²)	≥0.15
抗压强度(N/mm²)	≥0.15
撕裂强度(N/mm²)	≥4.0
加热变形(+70℃)(%)	≤2.0
吸水率(g/cm³)	≤0.005
延伸率(%)	≥100
硬度(邵尔 A)(度)	50～60
压缩永久变形(%)	≤3.0

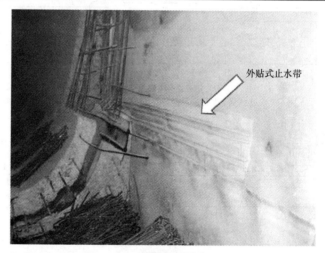

外贴式塑料止水带
（当防水层为塑料防水板时采用）

| 图名 | 接缝防水材料材质说明 | 图号 | FS3-09 |

3.2.4 矿山法结构接缝防水材料施工

1. 中埋式止水带

矿山法结构采用台车施工，台车两端设置端模。端模可采用整块钢模，如图（a）所示，也可采用两块组合的方式夹住止水带，如图（b）所示。当采用整块钢模板时，由于中部无法设置中埋式止水带，只能将后浇混凝土一侧的止水带垂直翻起固定，直至拆模后才恢复，此时止水带已很难保持原有的姿态，其防水功效肯定有所降低。因此，如要采用中埋式止水带，端模应尽可能采用上下两块组合夹住止水带的方式。

中埋式止水带埋设位置应准确、固定牢靠，中孔型止水带其中间空心圆环应与变形缝的中心线重合；止水带安装的位置宜按衬砌厚度的一半确定，止水带安装的径向位置与设计的偏差值不超过50mm，止水带安装的纵向位置，离其设计位置中心不得超过30mm；止水带应与衬砌端头模板正交；止水带应妥善固定，应利用附加钢筋、卡子、铅丝、模板等将止水带固定牢靠，宜采用专用钢筋套或扁钢固定，采用扁钢固定时，止水带端部应先用扁钢夹紧，并将扁钢与结构内钢筋焊牢，固定扁钢用的螺栓间距宜为500mm；中埋式止水带先施工一侧混凝土时，其端模应支撑牢固，严防漏浆；止水带的连接头宜为一处，应设在边墙较高位置上，不得设置在结构转角处，接头宜采用热压焊；中埋式止水带在转弯处采用直角专用配件，并应做成圆弧形，橡胶止水带的转角半径应不小于200mm，钢边橡胶止水带应不小于300mm，且转角半径应随止水带的宽度增大而相应加大。

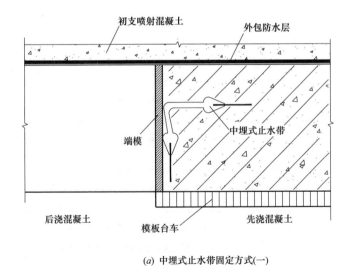

(a) 中埋式止水带固定方式(一)

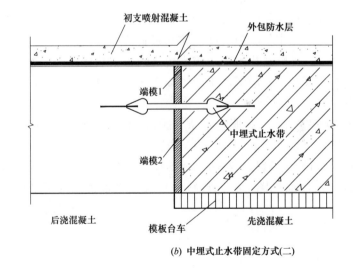

(b) 中埋式止水带固定方式(二)

图名	中埋式止水带施工说明	图号	FS3-10

2. 遇水膨胀止水条（胶）

遇水膨胀止水条设在环向施工缝时，应尽量采用预留槽嵌入法，并应符合下列规定：

（1）制品型遇水膨胀止水条应牢固地安装在施工缝预留槽内；

（2）混凝土挡头板制作时应考虑预留安装止水条的浅槽；

（3）拆除混凝土模板后，修整预留槽，将止水条嵌入槽内，并用配套的胶粘剂或水泥钉固定止水条，再浇筑下一环节的混凝土；

（4）制品型遇水膨胀止水条定位后至浇筑下一段混凝土前，应避免被水浸泡，并加涂缓膨剂；

（5）制品型遇水膨胀止水条接头处应重叠搭接后再粘接固定，沿施工缝形成闭合环路，其间不得留断点，搭接长度应不小于50mm。

3. 外贴式止水带

矿山法结构外贴式止水带施工可参照明挖法结构，但有以下不同：矿山法结构如选用塑料防水板作为全包防水层，则变形缝或施工缝所设置的外贴式止水带材质应与塑料防水板材质一致，并作为分区注浆系统的分割。且外贴式止水带与防水板之间采用热熔焊接相连，热熔焊接的良好封闭性可将局部产生的渗漏水限制在单一区域内，避免产生窜水现象。

4. 矿山法结构遇水膨胀止水条（胶）、注浆管的施工方式与明挖法结构类同，详见本图集第2章相关内容。

外贴式塑料止水带与塑料防水板的焊接见图（a）；塑料外贴式止水带搭接焊接剖面见图（b）；塑料外贴式止水带搭接焊接平面见图（c）。

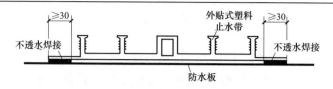

(a) 外贴式塑料止水带与塑料防水板的焊接

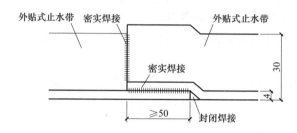

(b) 塑料外贴式止水带搭接焊接剖面图

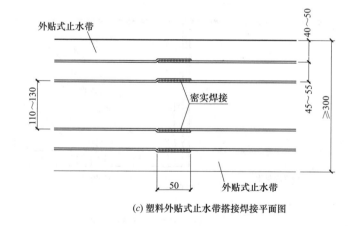

(c) 塑料外贴式止水带搭接焊接平面图

图名	止水胶与外贴式止水带施工说明	图号	FS3-11

3.3 外防水层的设计与施工

3.3.1 概述

矿山法结构应根据结构构造形式、防水等级、周边环境、水头压力、腐蚀情况等采用全包防水或"防排结合"的半包防水。在初期支护与二次衬砌之间宜设置夹层防水层。防水层可采用塑料防水板见图（a）结合分区注浆系统，也可采用能与二衬紧密咬合的预铺防水卷材见图（b）、膨润土防水毯见图（c），或喷涂型防水涂料见图（d）等外防水材料。在受到实际工况限制、无法施作夹层防水层的特殊情况下，可以在二衬混凝土背水面施作刚性防水层。

(a)矿山法结构塑料防水板全包防水

(c)矿山法结构膨润土毯全包防水

(b)矿山法结构预铺防水卷材全包防水

(d)矿山法结构丙烯酸盐喷膜全包防水

| 图名 | 矿山法结构外防水层概况 | 图号 | FS3-12 |

2.3.2 外防水层的材质说明

1. 塑料防水板

塑料防水板是矿山法结构外防水的常规做法，其具有拉伸强度高、延伸率高、固定方式牢靠等优势，但它无法与二衬混凝土形成有效的粘结，渗漏水会在防水板与混凝土之间形成窜水现象。因此需要结合配套的分区注浆系统，通过预设的注浆管，将浆液灌入塑料防水板与二衬混凝土的间隙，杜绝"窜水"现象。

塑料防水板的材质主要有聚氯乙烯（PVC）、乙烯-醋酸乙烯（EVA）、乙烯-共聚物沥青（ECB）、高密度聚乙烯（HDPE）、低密度聚乙烯（LDPE）等。防水板厚度不小于1.5mm；幅宽宜为2～4m。各类防水板的物理性能指标应符合表3.3-1的规定：

防水板的物理力学性能表　　表3.3-1

序号	项目		EVA	ECB	PVC	PE
1	断裂拉伸强度(MPa)≥		18	17	14	18
2	扯断伸长率(%)≥		650	600	250	600
3	撕裂强度(kN/m)≥		100	95	55	95
4	不透水性(0.3MPa,24h)		无渗漏	无渗漏	无渗漏	无渗漏
5	低温弯折性(℃)≤		−35	−35	−20	−35
6	加热伸缩量(mm)	延伸≤	2	2	2	2
		收缩≤	6	6	6	6
7	热空气老化(80℃×168h)	断裂拉伸强度(MPa)≥	16	14	13	15
		扯断伸长率(%)≥	600	550	200	550
8	耐碱性[饱和Ca(OH)$_2$溶液×168h]	断裂拉伸强度(MPa)≥	17	16	13	16
		扯断伸长率/%≥	600	600	250	550
9	人工候化	断裂拉伸强度保持率(%)≥	80	80	80	80
		扯断伸长率保持率(%)≥	70	70	70	70
10	刺破强度(N)	1.5mm	300	300	300	300
		2.0mm	400	400	400	400
		2.5mm	500	500	500	500
		3.0mm	600	600	600	600

图名	外防水层的材质说明（一）	图号	FS3-13（一）

2. 预铺防水卷材

采用预铺防水卷材作为矿山法结构外防水层，能够与二衬混凝土紧密粘结，不易形成窜水现象，但防水卷材在拱顶施工时存在一定的下垂现象，无法如明挖结构形成紧贴围护的形式，而拱顶预留的纵向钢筋也极有可能对此处的防水卷材造成损伤如图（a），影响防水质量。

预铺防水卷材的规格一般为厚度不小于 1.5m 的高分子类预铺防水卷材或厚度不小于 4mm 的改性沥青聚酯胎预铺防水卷材。其性能应符合《预铺/湿铺防水卷材》GB/T 23457 的要求。

3. 膨润土防水毯

膨润土防水毯遇水时在防水毯内形成均匀高密度的胶状防水层，可有效地防止渗漏水。但防水毯的单位重量较大，现场作业较困难，施工质量难以保证，也削弱了其自身的防水功效。

防水毯宜优先选用天然钠基膨润土防水毯，采用针刺覆膜法生产，其性能指标应符合《钠基膨润土防水毯》JG/T 193 的要求。

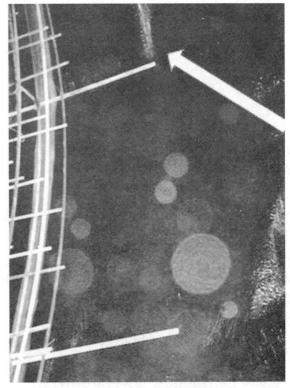

(a) 拱顶预留钢筋和防水卷材触碰照片

| 图名 | 外防水层的材质说明（二） | 图号 | FS3-13（二） |

4. 喷膜防水涂料

近年来国内研制出了一种矿山法防水喷膜技术来代替传统的防水板或防水卷材工艺。此喷膜材料以丙烯酸盐单体为主液，采用氧化还原引发体系，瞬间引发聚合反应。喷膜防水涂层的拉伸强度大于1.2MPa，延伸率大于510%，与混凝土或基岩基面粘结强度大于1.2MPa，具有无毒、无味、阻燃、对环境无污染的特性，且此材料对基面平整度要求较低，适用于各种复杂界面，可在有水环境下应用。

选用丙烯酸盐喷膜防水层时，应符合下列规定：

（1）充分考虑工程使用环境及丙烯酸盐喷膜防水层的耐久性，并采取必要的防护措施；

（2）与丙烯酸盐喷膜防水层相接触的材料应与丙烯酸盐材料具有相容性。

5. 缓冲层

矿山法结构施工防水层之前应先铺设缓冲层，缓冲层材料宜采用土工布，选用的土工布应符合下列要求：

（1）单位面积质量不宜小于$300g/m^2$；

（2）应有良好的导水性、化学稳定性、耐久性，能适应初期支护变形能力；

（3）可抵抗地下水或混凝土、砂浆析出水的侵蚀；

（4）土工布主要技术性能应符合表3.3-2的规定。

6. 对于某些断面较小、且没有条件做夹层防水的矿山法隧道，可以在二衬背水面设置刚性防水层。刚性防水层一般采用聚合物水泥防水砂浆，厚度不小于10mm。聚合物水泥防水砂浆的性能指标应符合表3.3-3的规定

（a）土工布性能指标表　　表3.3-2

项目	技术指标	备注
断裂能力(kN/m)	≥10	纵横向
断裂延伸率(%)	40～80	纵横向
CBR顶破强力(kN)	≥1.8	
垂直渗透系数(cm/s)	$K\times(10^{-1}\sim10^{-3})$	K=1.0～9.9
撕破强力(kN)	≥0.28	纵横向
化学稳定性	强度下降不小于20%	
生物稳定性	强度下降不小于5%	
可燃性等级	Ⅴ或Ⅵ	

（b）聚合物水泥防水砂浆的物理力学性能指标表　　表3.3-3

项目		单位	指标
粘结强度	7d	MPa	≥1.0
	28d		≥1.2
抗渗压力	7d	MPa	≥1.0
	28d		≥1.5
抗压强度	28d	MPa	≥24.0
抗折强度	28d	MPa	≥8.0
收缩率		%	≤0.15
吸水率		%	≤4.0
柔韧性(横向变形能力)		mm	≥0.1
抗冻性			无开裂、剥落
耐碱性			无开裂、剥落
耐热性			无开裂、剥落

图名	外防水层的材质说明（三）	图号	FS3-13（三）

2.3.3 矿山法结构防水层施工要求

1. 基面处理

铺设防水层的基面应无明水流，否则应进行初支背后的注浆或表面刚性封堵处理，待基面上无明水流后才能进行下道工序。

铺设防水层的基面应基本平整，铺设前应对基面进行找平处理，处理方法可采用喷射混凝土或砂浆抹面的方法。基面平整度应满足下列条件：当采用塑料防水板作结构外防水层时，$D/L \leqslant 1/10$；当采用预铺防水卷材作结构外防水层时 $D/L \leqslant 1/20$。D：相临两凸面间凹进去的深度；L：相临两凸面间的最短距离。

基面上不得有尖锐的毛刺部位，特别是喷射混凝土表面经常出现较大的尖锐的石子等硬物，应凿除干净或用 1：2.5 的水泥砂浆覆盖处理，避免浇筑混土时刺破防水板。基面上不得有铁管、钢筋、铁丝等凸出物存在，否则应从根部割除，并在割除部位用水泥砂浆覆盖处理。

当采用丙烯酸盐喷膜防水层时，对基面出露明水的部位，在防水层施工之前应对基面上增设排水设施进行引排（如图 a 所示），并应符合下列规定：

（1）基面出现的大股明水用排水管或盲沟将水引流至纵向排水管，保持基面无明显漏水

（2）基面表面大面积渗水处应采用缓冲材料全部覆盖，并一直铺设至拱脚纵向排水管，隔离层的铺挂应与基面密贴。

2. 铺设缓冲层

铺设防水层前应先铺设缓冲层，缓冲层材料采用单位重量不小于 $300 g/m^2$ 的短纤土工布；用水泥钉或膨胀螺栓和与防水板配套的圆垫片将缓冲层固定在基面上，固定点之间呈正梅花形布设。顶拱上的固定间距为 50cm，侧墙上固定间距为 80~100cm，仰拱上固定间距为 1~1.5m；仰拱与侧墙连接部位的固定间距应适当加密至 50cm 左右。在基面凹坑处应加设圆垫片，避免凹坑部位的防水板吊空。

缓冲层采用搭接法连接，搭接宽度 5m。缓冲层铺设时应尽量与基面密贴，不得拉得过紧或出现过大的皱褶，以免影响防水板的铺设。

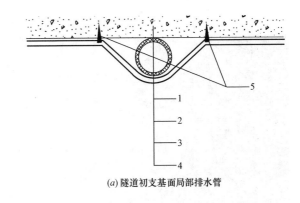

(a) 隧道初支基面局部排水管

1—初期支护基层；2—排水管；3—缓冲层；4—喷膜防水层；5—射钉

| 图名 | 外防水层施工基面要求 | 图号 | FS3-14 |

3. 铺设（或喷涂）防水层

（1）塑料防水板及分区注浆系统

采用塑料防水板做外防水层时，仰拱防水板宜采用沿隧道纵向铺设的方法，以减少十字焊缝的数量，减少手工焊接，保证防水效果。防水板采用热熔法手工焊接在塑料圆垫片上，如图（a）所示，焊接应牢固可靠，避免浇筑和振捣混凝土时防水板脱落。防水板固定时应注意不得拉得过紧或出现大的鼓包，铺设好的防水板应与基面凹凸起伏一致，保持自然、平整、伏贴。以免影响二衬混凝土的厚度或使防水板脱离。

防水板之间接缝采用双焊缝进行热熔焊接，搭接宽度不应小于15cm。每条焊缝有效宽度不应小于10mm。防水板纵向与环向搭接处，应覆盖一层同类材料的防水板材，用热熔焊接法焊接；焊接完毕后采用检漏器进行充气检测，如图（b）所示，充气压力为0.25MPa，保持该压力不少于15min，允许压力下降10%。如压力持续下降，应查出漏气部位并对漏气部位进行全面的手工补焊。防水板铺设完毕后应对其表面进行全面的检查，发现破损部位及时进行补焊。补丁应剪成圆角，不得有三角形或四边形等尖角存在，补丁边缘距破损边缘的距离不得小于7cm。补丁应满焊，不得有翘边空鼓部位。

底板或仰拱防水板铺设完毕后应及时施做保护层，在防水板上表面铺设单位重量不小于$400g/m^2$无纺布，然后浇筑7cm厚的C20细石混凝土。

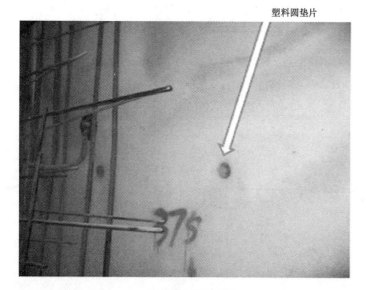

(a) 塑料防水板的固定

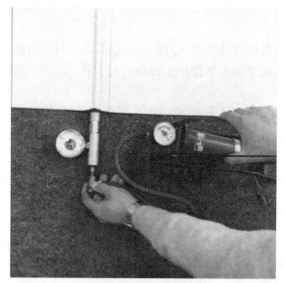

(b) 塑料防水板充气检漏试验

图名	塑料防水板施工说明	图号	FS3-15

(2) 采用塑料防水板的矿山法隧道均要求设置分区注浆系统以避免窜水

分区系统一般设置在变形缝部位，依靠外贴式塑料止水带进行分区，止水带宽度不小于35mm。塑料止水带的材质应与塑料防水板一致。采用外贴式止水带专用焊接机将塑料止水带两端热熔焊接在塑料防水板表面，每道焊缝宽度不得小于30mm，并采用塑料焊条对焊缝进行补强焊接，要求焊接部位牢固、密实、不透水。进入现场焊接止水带前，应取0.5～1.0m长度的止水带进行试焊，焊接完毕后将两端热熔密封，然后进行充气检测，充气压力0.15MPa，并维持该压力不少于15min，否则应对焊接设备进行检测，并调整焊接工艺，达到要求后才能够进入现场焊接。

塑料止水带的接头可采用现场热熔对接焊接，要求对接牢固、严密、可靠，必要时对接部位采用与止水带同材质的防水板进行加强，加强层长度10cm，骑缝与止水带齿条满焊，焊接应严密、可靠。仰拱或底板部位的外贴式塑料止水带宽度范围内的表面不得浇筑细石混凝土保护层，在浇筑结构混凝土前，应将表面的杂物清理干净，确保止水带齿条与现浇混凝土结构咬合密实。

塑料防水板表面均设置注浆系统，注浆系统的纵向设置间距为4～5m。注浆系统包括注浆底座和注浆导管，注浆底座应与防水层热熔焊接。注浆导管应采用塑料螺纹管，并应具有足够的抗压强度，确保埋入筑混凝土内的部分不被压扁。注浆底座边缘采用四点焊接在防水板表面，四点应对称设置，每个焊接点宜为10mm×10mm。焊接应牢固，避免浇捣混凝土时底座脱离防水板。但不得将底座边缘全部热熔满焊在防水板表面，以免后期浆液无法注入。注浆系统应尽量靠近变形缝、施工缝和穿墙管等易出现渗漏水的位置设置，一般距这些特殊部位的间距50cm左右设置为宜，变形缝两侧的注浆系统环向间距宜适当加密至2m左右。

注浆导管与注浆底座连接应牢固、密闭，必要时应采用铁丝将导管与底座间连接部位绑扎牢固，避免底座与导管脱离。导管可以在结构内穿行一段距离后集中在两侧墙引出，引出部位可以预埋木盒，将集中引出的导管设置在木盒内（每个木盒设置6个导管）。此时埋入混凝土内的部分应设置在内、外排钢筋之间，并且每隔40～50cm固定在钢筋上。开孔端应牢固地固定在钢筋上，避免浇捣混凝土时注浆管被拉入混凝土内。导管开孔端可直接引出结构表面，也可根据混凝土保护层的厚度，将开孔端用封口盖堵住并用封口胶带严密封口后埋入混凝土内（或单独用封口塑料胶带封口），模板拆除后将开孔端表面封口胶带盒混凝土破除即可露出注浆导管。此时应采取措施避免导管开孔段移位。

二衬结构完工后，如果出现渗漏水，应利用注浆系统对防水板和二衬之间进行注浆。注浆液应采用水灰比为1：（2～3）左右的水泥浆，同时应填加8%～10%的膨胀剂。注浆压力根据渗漏水情况、结构厚度、埋深等因素确定，一般可控制在0.3～0.5MPa。

图名	分区注浆系统施工说明	图号	FS3-16

(3) 预铺防水卷材

采用预铺防水卷材作矿山法结构外防水层时，卷材的自粘面必须面向二衬混凝土结构。防水层采用机械固定法固定于基面，固定点距卷材边缘2cm处，钉距不大于50cm。钉长不得小于3cm，且配合垫片将防水层牢固地固定在基层表面，垫片直径不小于2cm。避免浇筑混凝土时脱落。

相邻两幅卷材的有效搭接宽度为10cm（不包括钉孔）。将钉孔部位覆盖住。要求上幅压下幅进行搭接。搭接时，搭接缝范围内的隔离膜必须撕掉，搭接必须采用与卷材相配套的专用粘胶。

仰拱防水层铺设完毕，除掉卷材的隔离膜，并立即浇筑50mm厚C20细石混凝土保护层，立面防水层应采取临时保护措施避免防水层受到破坏。防水层破损部位应采用同材质材料进行修补，补丁满粘在破损部位，补丁四周距破损边缘的最小距离不小于10cm。

基面有明水流时不得进行防水层的铺设工作。垫层表面的积水应清除。卷材表面积水时，应排除干净再浇筑混凝土。铺贴立面卷材防水层时，应采取防止卷材下滑的措施。

预铺防水卷材临时固定现场施工照片见图（a）。

(a) 预铺防水卷材的临时固定

| 图名 | 预铺防水卷材施工要求 | 图号 | FS3-17 |

(4）丙烯酸盐喷膜防水层

采用丙烯酸盐喷膜做防水层时，防水层应一次喷涂成膜至设计厚度，搭接宽度不应小于100mm；喷涂成膜后，宜在5天内浇筑二次衬砌结构封闭防水膜；泵送浇筑混凝土时应避免直接冲击防水膜。喷膜防水施工作业温度应大于5℃，且小于35℃；在低于5℃时施工应做好防寒措施。丙烯酸盐喷膜防水层的施工工艺流程见图(a)。

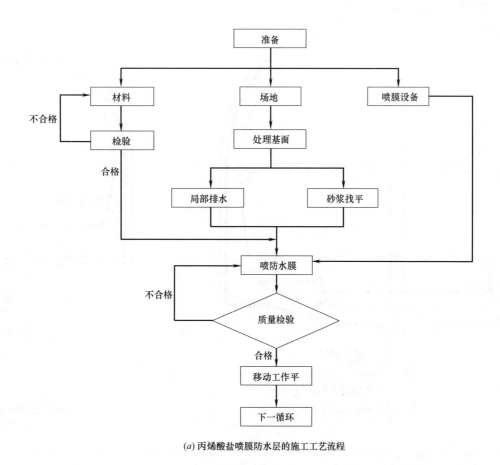

(a) 丙烯酸盐喷膜防水层的施工工艺流程

| 图名 | 喷膜防水层施工要求 | 图号 | FS3-18 |

2.3.4 矿山法结构外防水层示意图

(a) 矿山法车站全包防水构造 标注：初支喷射混凝土、400g/m² 无纺布缓冲层、夹层防水层、模筑钢筋混凝土、纵向施工缝、模筑钢筋混凝土、夹层防水层、400g/m² 无纺布缓冲层、C20素混凝土垫层

(b) 矿山法区间全包防水构造 标注：初支喷射混凝土、400g/m² 无纺布缓冲层、夹层防水层、模筑钢筋混凝土、纵向施工缝、模筑钢筋混凝土、夹层防水层、400g/m² 无纺布缓冲层、素混凝土垫层

说明：
1. 本图适用于采用全包防水的矿山法车站及区间。矿山法车站全包防水构造见图（a）；矿山法区间全包防水构造见图（b）。
2. 初衬和二衬之间应设置全包防水层，防水层可采用塑料防水板、防水卷材或现场喷涂防水材料。

图名	矿山法结构外防水层示意图（一）	图号	FS3-19（一）

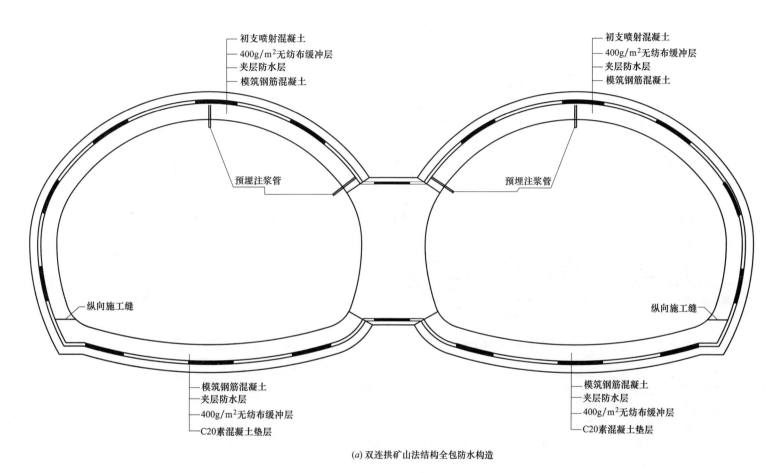

(a) 双连拱矿山法结构全包防水构造

说明
1. 本图适用于双连拱结构形式的矿山法车站及区间，如图（a）所示。双连拱段应加强初衬背后注浆。
2. 初衬和二衬之间应设置全包防水层，防水层可采用塑料防水板、防水卷材或现场喷涂防水材料。

| 图名 | 矿山法结构外防水层示意图（二） | 图号 | FS3-19（二） |

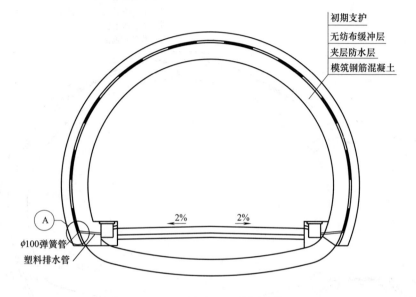
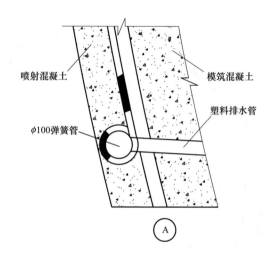

(a) 矿山法区间半包防水构造图

说明
1. 对于一些围岩条件较好、埋深较大的矿山法隧道，可采用"防排结合"的半包排水方案。矿山法区间半包防水构造图见图(a)。
2. 防水层可采用塑料防水板、防水卷材或现场喷涂防水材料。

| 图名 | 矿山法结构外防水层示意图（三） | 图号 | FS3-19（三） |

3.4 细部节点防水

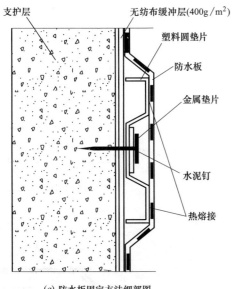

(a) 防水板固定方法细部图

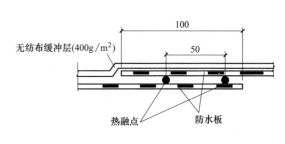

(b) 防水板封边方法细部图

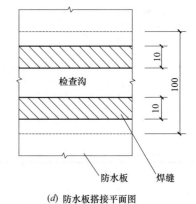

(c) 防水板搭接细部构造图

(d) 防水板搭接平面图

说明

1. 塑料防水板采用热熔法手工焊接在塑料圆垫片上，焊接应牢固可靠，避免浇筑和振捣混凝土时防水板脱落。防水板固定时应注意不得拉得过紧或出现大的鼓包，铺设好的防水板应与基面凹凸起伏一致，保持自然、平整、伏贴。以免影响二衬混凝土的厚度或使防水板脱离。

2. 防水板之间接缝采用双焊缝进行热熔焊接，搭接宽度不应小于15cm。每条焊缝有效宽度不应小于10mm。防水板纵向与环向搭接处，应覆盖一层同类材料的防水板材，用热熔焊接法焊接；焊接完毕后采用检漏器进行充气检测，充气压力为0.25MPa，保持该压力不少于15min，允许压力下降10%。如压力持续下降，应查出漏气部位并对漏气部位进行全面的手工补焊。

3. 防水板固定方法细部图见图(a)；防水板封边方法细部图见图(b)；防水板搭接细部构造图见图(c)；防水板搭接平面图见图(d)。

| 图名 | 塑料防水板细部节点（一） | 图号 | FS3-20（一） |

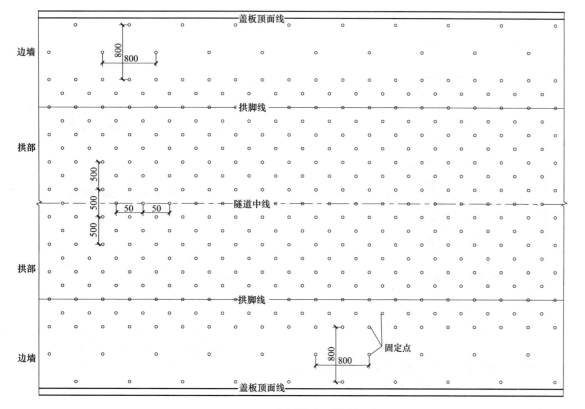

(a) 防水板加土工布铺设平面展开图

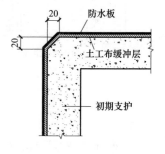

(b) 防水板阴角防水构造

(c) 防水板阳角防水构造

说明

防水板加土工布铺设平面展开图见图（a）；防水板阳角防水构造见图（b）；防水板阴角防水构造见图（c）。

| 图名 | 塑料防水板细部节点（二） | 图号 | FS3-20（二） |

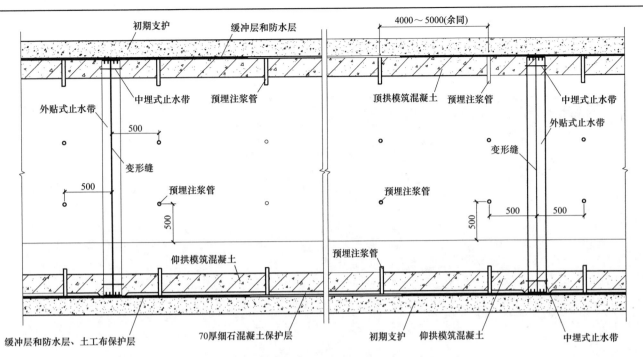

(a) 矿山法结构纵剖面分区防水注浆构造

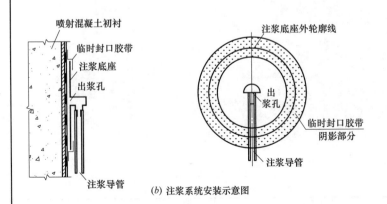

(b) 注浆系统安装示意图

说明

1. 分区系统一般设置在变形缝部位，依靠外贴式塑料止水带进行分区。塑料止水带的材质应与塑料防水板一致。采用外贴式止水带专用焊接机将塑料止水带两端热熔焊接在塑料防水板表面。

2. 塑料防水板表面均设置注浆系统，注浆系统的纵向设置间距为 4～5m。注浆系统包括注浆底座和注浆导管，注浆底座应与防水层热熔焊接。注浆导管应采用塑料螺纹管，并应具有足够的抗压强度，确保埋入筑混凝土内的部分不被压扁。注浆底座边缘采用四点焊接在防水板表面，注浆系统应尽量靠近变形缝、施工缝和穿墙管等易出现渗漏水的位置设置，一般距这些特殊部位的间距 50m 左右设置为宜，变形缝两侧的注浆系统环向间距宜适当加密至 2m 左右。

3. 矿山法结构纵剖面分区防水注浆构造见图 (a)；注浆系统安装示意图见图 (b)。

图名	分区注浆系统细部节点（一）	图号	FS3-21（一）

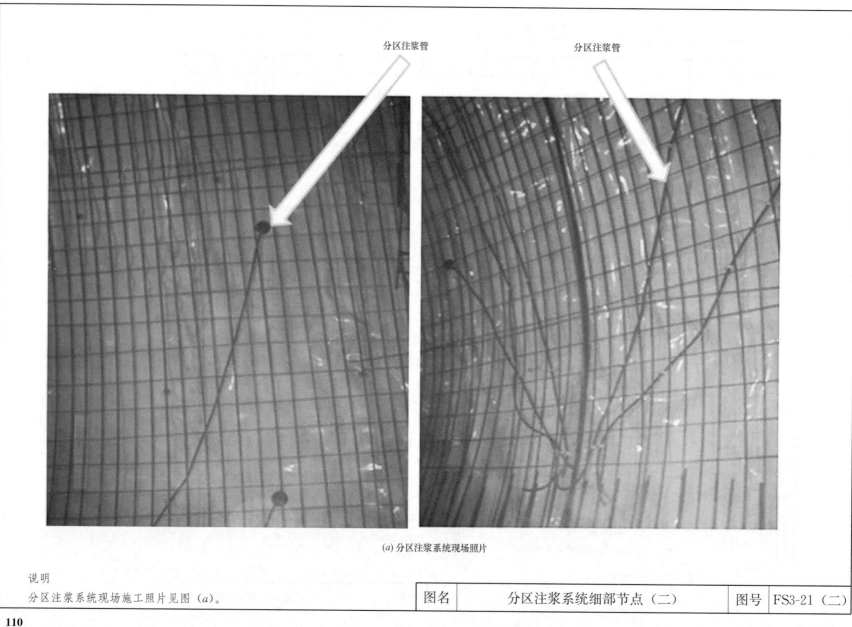

(a) 分区注浆系统现场照片

说明
分区注浆系统现场施工照片见图(a)。

| 图名 | 分区注浆系统细部节点（二） | 图号 | FS3-21（二） |

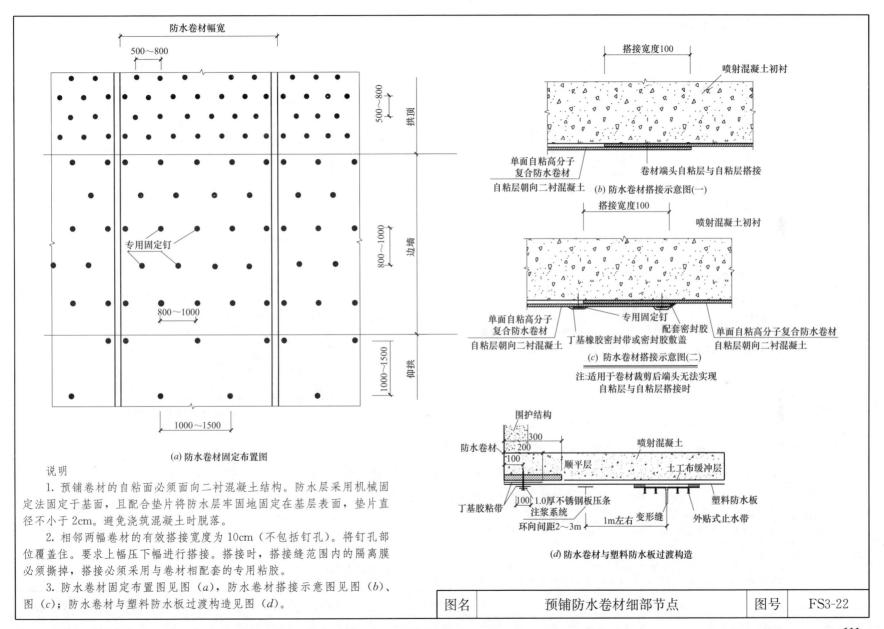

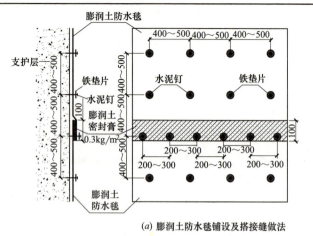

(a) 膨润土防水毯铺设及搭接缝做法

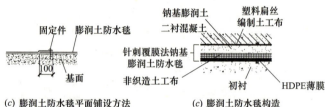

(b) 膨润土防水毯平面铺设方法　　(c) 膨润土防水毯构造

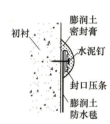

(d) 膨润土防水毯阳角防水构造

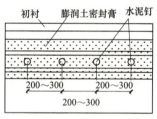

(e) 膨润土防水毯永久收口构造

说明
1. 防水毯均采用长度不小于 27mm 的水泥钉以及铁垫片固定，铁垫片的厚度不应小于 0.8mm，直径或边长不宜小于 25mm。
2. 变形缝等部位设置防水毯加强层。加强层边缘采用水泥钉固定在基面上。加强层在基层上的固定间距 40～50cm。
3. 铺设大面的防水毯。防水毯之间的搭接宽度 10cm，搭接缝范围内的防水毯之间应先均匀满涂每平方米 0.3kg 的膨润土密封膏。
4. 防水毯搭接缝部位的固定间距均为 20～30cm，平面设置的膨润土防水毯幅面间可不用固定，立面设置的膨润土防水毯幅面固定间距 40～50cm。固定点应设置在基层的凹处。
5. 为避免膨润土颗粒从裁剪口处流失，宜尽量减少现场裁剪工作；必须裁剪时，宜在靠近铺设位置进行裁剪。
6. 在铺设完毕的防水毯表面设置厚度不小于 0.3mm 的塑料薄膜临时保护层。
7. 施工缝部位的预留搭接防水毯应进行临时封口，外露部分的防水毯应采用厚度不小于 0.3mm 的塑料薄膜临时覆盖处理，避免膨润土遇水提前膨胀。
8. 膨润土防水毯铺设及搭接缝做法见图（a）；膨润土防水毯平面铺设方法见图（b）；膨润土防水毯构造见图（c）；膨润土防水毯阴阳角防水构造见图（d）；膨润土防水毯永久收口构造见图（e）。

| 图名 | 膨润土防水毯细部节点 | 图号 | FS3-23 |

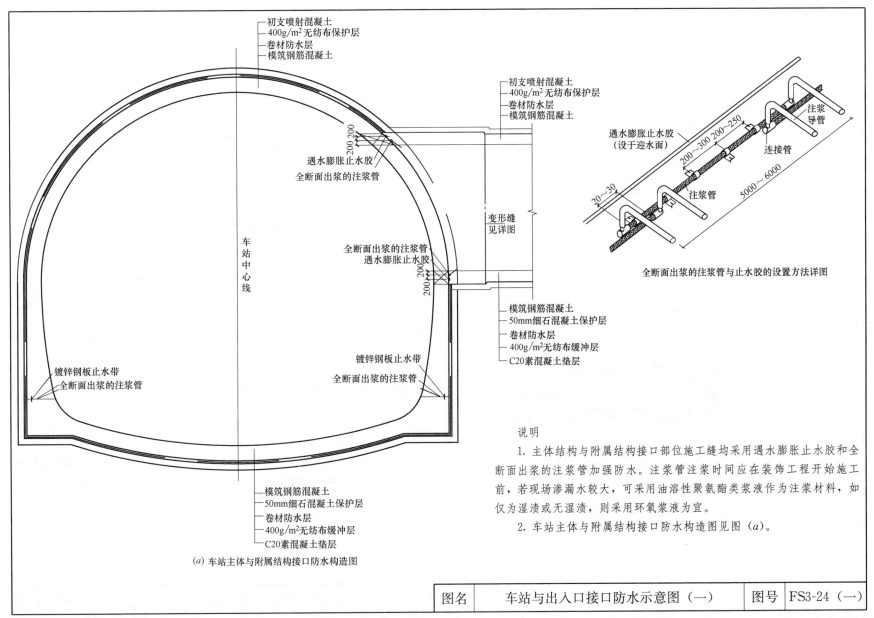

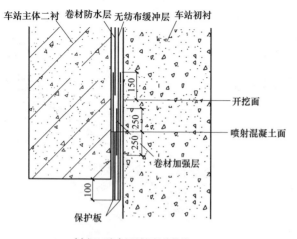

(a) 洞口防水层预留保护做法

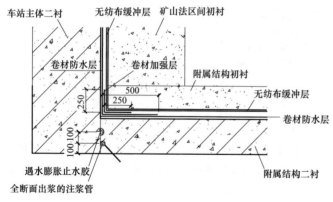

(b) 车站主体与附属结构防水层过渡构造

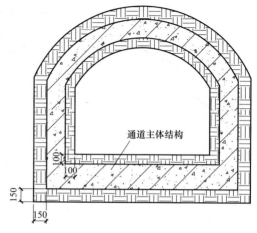

(c) 保护板设置范围

说明

1. 保护板均指厚度不小于10mm的复合板。暗挖车站主体结构与附属结构接口部位的防水卷材甩槎、甩槎保护、接槎防水构造均同本图。

2. 洞口防水层预留保护做法见图(a)；车站主体与附属结构防水层过渡构造见图(b)；保护板设置范围见图(c)。

| 图名 | 车站与出入口接口防水示意图（二） | 图号 | FS3-24（二） |

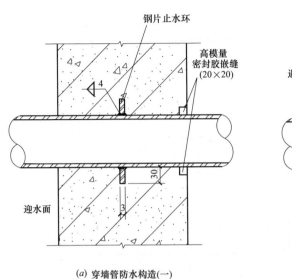

(a) 穿墙管防水构造(一)

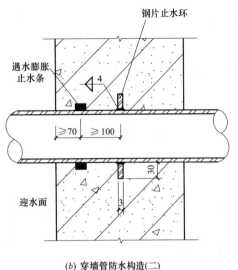

(b) 穿墙管防水构造(二)

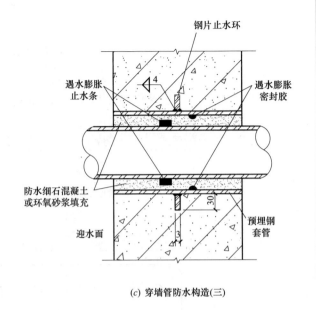

(c) 穿墙管防水构造(三)

说明
1. 采用钢片止水环结合背水面嵌缝的刚性穿墙管防水构造见图（a）；
采用钢片止水环结合遇水膨胀止水条的刚性穿墙管防水构造见图（b）；
采用防水细石混凝土或环氧砂浆填充的刚性穿墙管防水构造见图（c）；
2. 遇水膨胀密封胶应为单组分聚氨酯类。

| 图名 | 穿墙管防水示意图 | 图号 | FS3-25 |

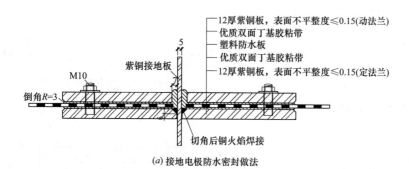

(a) 接地电极防水密封做法

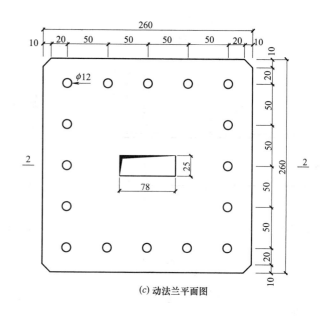

(c) 动法兰平面图

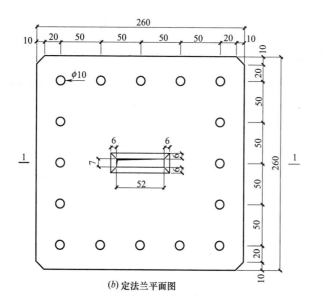

(b) 定法兰平面图

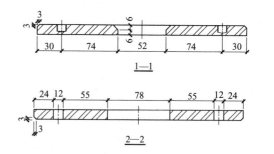

说明

接地电极防水密封做法见图（a）；定法兰平面图见图（b）；动法兰平面图见图（c）。

图名	接地电极防水示意图	图号	FS3-26

3.5 矿山法结构排水

矿山法车站及区间是否需考虑排水设计应根据不同的水位工况区别对待。如结构承受的水压不大，则无需考虑排水。但如承受的水压很大，则需通过降低水压来限制其对结构的破坏作用，此时应考虑排水措施。排水措施主要在防水层铺设前，沿车站或区间的环、纵向设置软式透水管，形成排水系统。

1. 矿山法车站在初衬施工完毕后，环、纵向分别设置软式透水管，软式透水管有矩形和圆形两种断面构造形式，根据实际使用效果的回访，宜选用圆形断面。环向软式透水管的设置间距为6～8m。车站纵向两侧各设置一道纵向软式透水管，直径约为80mm。矿山法车站的风道如车站主体设置环、纵向软式透水管，风井与出入口通道沿仰拱四周设置纵向软式透水管，并与车站纵向软式透水管相连。

2. 矿山法区间的排水措施同矿山法车站，区间每隔10m设置一横向排水管，具体设置位置应尽量靠近环向软式透水管，排水管与道床排水沟相连。

3. 矿山法车站与矿山法区间相接的工况下，车站不设横向排水管。车站与区间的纵向软式透水管相连接。在矿山区间与车站相接的30m范围内，横向排水管间距缩短至4～5m。当矿山法车站与盾构法区间相接的工况下，在车站的最低点设置多根横向排水管，将水排至车站泵房内。

4. 初衬内宜采用开槽方式设置软式透水管，软式透水管的材质与性能指标应符合《软式透水管》JC 937 的要求，如表 3.5-1 所示

软式透水管参考技术指标表　　表 3.5-1

试验项目			规　格	
			FH50	FH80
外径尺寸允许偏差			±2.0	±2.5
钢丝	直径(mm)	≥	1.6	2.0
	间距(圈/m)	≥	55	40
	保护层厚度(mm)	≥	0.30	0.34
纵向抗拉强度(kN/5cm)		≥	1.0	
纵向伸长率(%)		≥	12	
横向抗拉强度(kN/5cm)		≥	0.8	
横向伸长率(%)		≥	12	
圆球顶破强度(kN)		≥	1.1	
CBR顶破强度(kN)		≥	2.8	
渗透系数 K_{20}(cm/s)		≥	0.1	
等效孔径 Q_{95}(mm)			0.06～0.25	
耐压扁平率	1%	≥	400	720
	2%	≥	720	1600
	3%	≥	1480	3120
	4%	≥	2640	4800
	5%	≥	4400	6000

图名	矿山法结构排水说明	图号	FS3-27

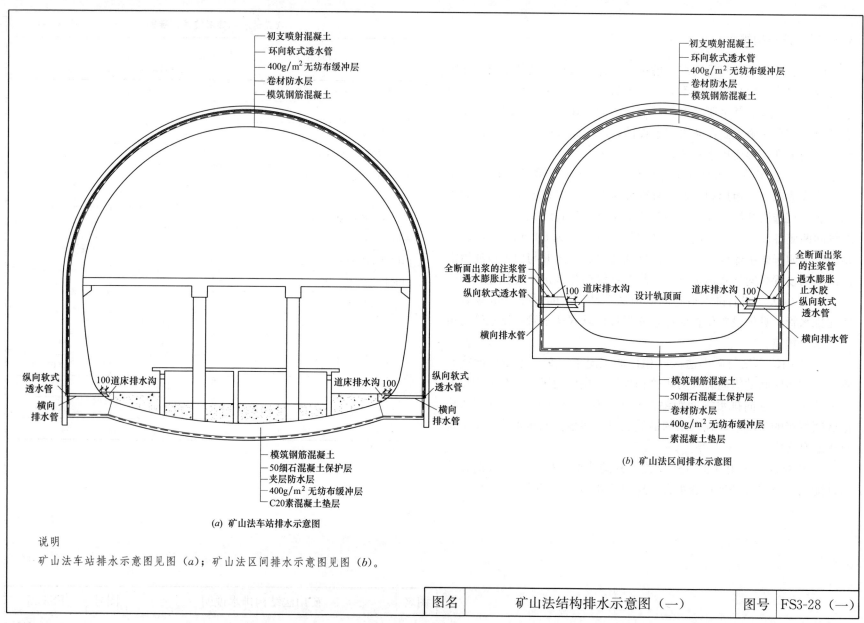

说明
矿山法车站排水示意图见图(a)；矿山法区间排水示意图见图(b)。

| 图名 | 矿山法结构排水示意图（一） | 图号 | FS3-28（一） |

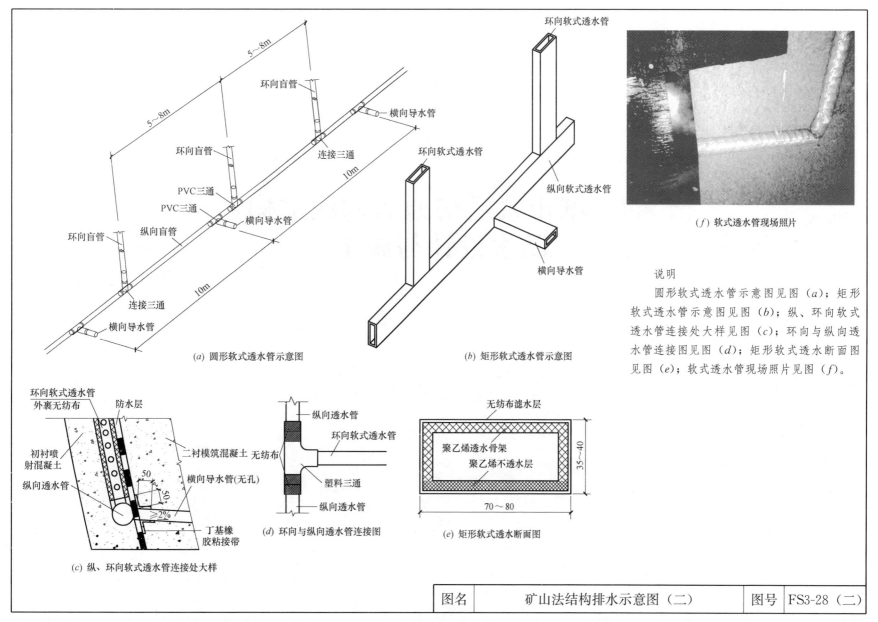

4 城市轨道交通盾构法结构防水设计与施工

4.1 概述

盾构法隧道采用盾构掘进机全断面开挖，由高精度钢模制作的钢筋混凝土管片拼装成环作为衬砌支护。盾构法隧道的防水应以钢筋混凝土管片自防水为根本，以管片接缝防水为重点，确保隧道整体防水。

盾构法施工的轨道交通区间防水设计的内容包括混凝土管片自防水设计、衬砌接缝防水设计、嵌缝及手孔封堵设计、出洞装置及后浇混凝土洞圈防水设计等。城市轨道交通盾构法区间应根据防水等级、衬砌形式及其他技术要求、环境要求、地质条件，按下表采用相应的防水措施。并符合表4.1-1的规定。盾构法区间施工示意图见图(a)。

盾构法区间防水措施表　　　　　　　　　　　　　　　　　　　　　　　　　　　　　表4.1-1

防水等级	措施选择	防水措施	高精度管片	接缝防水				混凝土内衬或其他内衬	外防水涂料
				密封垫	嵌缝	注入密封剂	螺孔密封圈		
一级			必选	必选	全隧道或部分区段应选	可选	必选	宜选	中等以上腐蚀的地层应选，处于非腐蚀地层宜选
二级			必选	必选	部分区段宜选	可选	必选	视功能可选	中等以上腐蚀的地层宜选；埋深超过30m时宜选

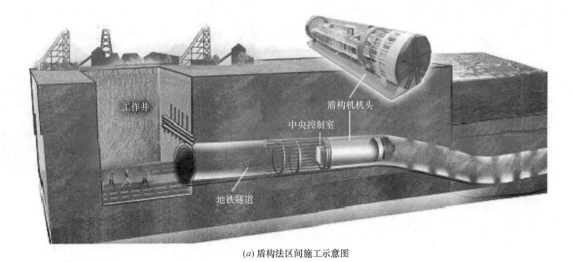

(a) 盾构法区间施工示意图

图名	盾构法区间防水概况（一）	图号	FS4-01（一）

盾构掘进机机头示意图见图（a）；盾构机现场吊装照片见图（b）。

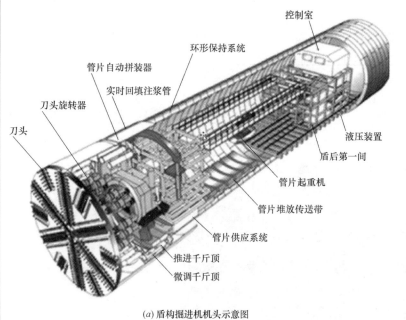

(a) 盾构掘进机机头示意图

(b) 盾构机吊装

| 图名 | 盾构法区间防水概况（二） | 图号 | FS4-01（二） |

4.2 管片混凝土结构自防水

4.2.1 一般规定

1. 管片应采用防水混凝土，其强度等级不宜小于C50，抗渗等级宜按隧道埋置深度确定，并应不小于P10。且应符合表4.2-1规定。

(a) 管片混凝土的抗渗等级表　　表 4.2-1

结构埋置深度(m)	设计抗渗等级
$h<30$	P10
$30 \leqslant h$	P12

2. 钢筋混凝土管片制作应符合下列规定：
(1) 混凝土抗压强度和抗渗压力应符合设计要求；
(2) 管片表面应平整，无缺棱、掉角、麻面和露筋；
(3) 单块管片制作尺寸允许偏差应符合表4.2-2的规定。

(b) 单块管片制作尺寸允许偏差表　　表 4.2-2

项目	允许偏差(mm)
宽度	±1.0
弧长、弦长	±1.0
厚度	+3,-1

3. 钢筋混凝土管片应制作抗压强度试件进行检测，并应做单块管片检漏测试，在设计抗渗压力下保持时间不应小少于2h，渗水深度不应超过管片保护层的厚度。管片单块检漏测试如图(a)所示。

(a) 管片单块检漏测试

| 图名 | 混凝土管片自防水（一） | 图号 | FS4-02（一） |

4. 钢筋混凝土管片每生产200环，应做一次三环水平拼装试验，以检测高精度钢模与管片的精度。管片三环拼装试验如图（a）所示。

(a) 管片三环拼装试验

4.2.2 管片混凝土自防水措施

1. 管片混凝土的配合比设计应符合以下规定：
(1) 胶凝材料用量为380～450kg/m³；
(2) 水胶比宜小于0.35；

2. 混凝土管片结构，应符合下列规定：
(1) 外弧面裂缝宽度不得大于0.2mm，内弧面裂缝宽度不得大于0.3mm，并不得贯通；
(2) 钢筋保护层厚度不应小于50mm。

3. 防水混凝土中各类材料的总碱量（Na_2O当量）不得大于3kg/m³。

4. 新拌混凝土硬化后，实测混凝土中的氯离子含量对于钢筋混凝土不应超过胶凝材料总量的0.06%。

| 图名 | 混凝土管片自防水（二） | 图号 | FS4-02（二） |

4.2.3 管片养护

为提高混凝土管片早期强度，应在蒸养房对管片进行蒸汽养护，见图（a）。蒸养房分为三个区域：升温区，恒温区、降温区，管片蒸养期间应进行温度监控，升温区升温速度不宜超过15℃/h；降温区速度不宜超过20℃/h，恒温区最高温度不宜超过60℃。出模后管片表面温度与环境温差不得大于20℃，否则应在室内车间降温。蒸汽养护结束后应继续采取浸水养护等措施保湿养护，见图（b），水养护的时间不宜小于14天，冬期施工严禁采用室外泡水养护的方法。水养池用水要符合规范要求，宜保持适当的弱碱性，宜选用自来水。水养池的水量要随进出池管片量的变化进行调整，确保能够淹没管片。

(a) 管片蒸汽养护现场照片

(b) 管片水养现场照片

| 图名 | 混凝土管片自防水（三） | 图号 | FS4-02（三） |

4.3 混凝土结构耐久性

4.3.1 一般规定

1. 城市轨道交通盾构法区间耐久性设计的技术路线应根据预先确定的钢筋混凝土结构耐久性设计要求的环境类别和环境作用等级，采取相应的根本措施和附加措施。
2. 采用合理的结构构造，便于施工、检查和维护，减少环境因素对结构的不利影响。
3. 对钢筋混凝土施工过程的质量控制提出要求。

4.3.2 环境类别及环境作用等级

管片混凝土耐久性环境类别的划分及环境作用等级应符合《混凝土结构耐久性设计规范》GB/T 50476 的规定。

4.3.3 混凝土原材料要求

1. 混凝土及其配合比要求

(1) 管片钢筋混凝土结构的最低混凝土强度等级为 C50；
(2) 混凝土的最大碱含量为 $3.0 kg/m^3$；
(3) 混凝土原材料（水泥、矿物掺合料、集料、外加剂、拌水等）中引的水溶氯离子总量，应不超过胶凝材料重的 0.06%；
(4) 混凝土的配合比应按高性能混凝土的要求配制；
(5) 混凝土的配合比设计和混凝土配制，在满足施工和易性（必要的流动性）、强度等级的前提下，应以混凝土密实性、抗渗透性能、抗裂性能和抗碳化性能为主要控制指标。

2. 胶凝材料

为达到混凝土高性能、高耐久性的要求，混凝土配制时应选用优质的水泥，性能优良的矿粉、粉煤灰等矿物掺合材料，或者选用有上述二者复配形成的复合型胶凝材料；限制每立方米混凝土中胶凝材料的最低和最高用量，胶凝材料的技术性能要求如下：

(1) 水泥

1) 宜选用强度等级不低于 42.5 的硅酸盐水泥或普通硅酸盐水泥（管片宜用硅酸盐水泥）。其质量必须符合《通用硅酸盐水泥》GB 175 的要求。
2) 碱含量小于 0.60%，C3A 含量不宜超过 8%；
3) 水泥比表面积 $\leqslant 350 m^2/kg$，$\geqslant 300 m^2/kg$；
4) 在确定最终水泥品种之前，应对水泥与所使用的掺和材料、外加剂等进行复配试验，以选用匹配的、性能优良的水泥。

(2) 粉煤灰

粉煤灰原材料必须符合《用于水泥和混凝土中的粉煤灰》GB/T 1596) 标准中 Ⅱ 级灰以上标准。

(3) 矿粉

原材料必须符合《用于水泥和混凝土中的粒化高炉矿渣微粉》GB/T 18046 S95 级以上要求。

(4) 掺量要求

尽量减少胶凝材料中水泥的用量，掺和材料中对粉煤灰、矿粉等掺合比在不同季节宜作调整，优质粉煤灰、矿粉等矿物掺料或矿物复合掺和料，掺量一般控制在 30%～50%；

3. 细骨料

不得使用碱活性细骨料，要求使用中砂，品质符合《建筑用砂》GB/T 14684 的规定，细度模数 2.9～2.5 符合 Ⅱ 区颗粒级配。砂中含泥量 $\leqslant 1.5\%$，泥块含量 $\leqslant 0.5\%$。不得使用海砂、山砂及风化严重和多孔砂。

4. 粗骨料

不得使用碱活性粗骨料，要求使用碎石，品质符合《建筑用卵石、碎石》GB/T 14685，要求级配良好，最大粒径不得大于 38mm，建议粒径 5～25mm。碎石中氯离子含量 $\leqslant 0.02\%$，含泥量 $\leqslant 0.7\%$，泥块含量 $\leqslant 0.3\%$，吸水率 $\leqslant 1\%$，针片状含量 $\leqslant 10\%$。

图名	混凝土结构耐久性（一）	图号	FS4-03（一）

5. 混凝土拌和用水

混凝土拌和用水，应使用不含有影响水泥正常凝结、硬化或促使钢筋锈蚀（Cl^-含量＜250mg/L）的饮用水，其品质符合《混凝土拌合用水》JGJ 63 的要求。

6. 外加剂

（1）外加剂的质量应符合《混凝土外加剂》GB 8076 及相关规范规定。外加剂的使用时应符合《混凝土外加剂应用技术规范》GB 50119。混凝土中采用的化学外加剂的氯离子含量应小于 0.02%（胶凝材料质量百分比）。

（2）可根据混凝土性能要求，合理选择减水剂，并且应与水泥、掺合料等胶凝材料的匹配性能良好。管片混凝土减水率应不低于 20%。管片混凝土采用聚羧酸类减水剂。

7. 混凝土管片耐久性主要技术指标（表 4.3-1）

混凝土耐久性主要技术指标表 表 4.3-1

结构部位	最小强度等级	最大水胶比	最小胶凝材料用量（kg/m^3）	最大胶凝材料用量（kg/m^3）
管片	≥C50	0.35	380	450

注：最小和最大胶凝材料用量以强度等级 42.5 硅酸盐水泥为基准，若使用更高标号的水泥可根据实际情况调整；

4.3.4　结构设计构造要求

1. 所有结构接缝处应采取抗裂防渗的加强措施，防止渗漏。
2. 为确保保护层精度，垫块和垫块布置必须有专门设计。
3. 工程的设计使用年限为 100 年时，不能使用冷加工钢筋作为受力钢筋，同样直径≤的钢筋也不能作为受力钢筋。
4. 在钢筋混凝土构件中有部分长度暴露在外的吊环或紧固件、连接件等金属部件应采取附加防护措施使之在使用阶段与空气隔离。

4.3.5　结构构造要求

1. 现浇钢筋混凝土结构不得出现贯穿裂缝，其在荷载作用下管片横向裂缝宽度宜控制在 0.2mm 以下。

2. 结构的保护层厚度按照表 4.3-2 的规定选取

一般环境下的混凝土结构内的混凝土最小保护层厚度表 表 4.3-2

结构类别	位置	环境等级	保护层厚度 C（mm）
管片	外弧	I-B	50
	内弧	I-C	50

注：1. 混凝土保护层是指构件外表面到钢筋（架立筋、箍筋等）外表面的最短距离；
2. 本表中的混凝土保护层最小厚度已包括施工误差值；

4.3.6　施工要求

1. 盾构隧道管片生产中，要防止外弧面微细裂缝的产生，保证管片混凝土保护层厚度满足设计要求。

2. 管片混凝土必须使用提高混凝土耐久性和脱模早期强度的高效外加剂，严格控制管片脱模起吊强度不低于设计强度的 45%。

3. 在管片冬季生产中，混凝土入模温度不宜低于 20℃；管片生产车间必须采取措施防止穿堂风。混凝土内部和外表温差不得大于 20℃。

4. 管片在场地堆放时，夏季要喷水养护，冬季防止管片混凝土受冻害的影响。

5. 弹性橡胶密封垫的材料与成品都必须有严格的检测制度与检测方法。

6. 管片的运输、保存应采取措施防止管片破损，破损管片的修补应严格按照设计规定执行。

7. 盾构隧道掘进施工时，必须使用可硬性浆进行同步注浆，但在特殊条件下（如盾构穿越地铁及旧危建筑物等），经审查核准可采用惰性浆液，但此时必须二次补浆，以求结构稳定。

图名	混凝土结构耐久性（二）	图号	FS4-03（二）

管片现场堆放照片见图（a）；管片脱模现场照片见图（b）。

(a) 管片现场堆放

(b) 管片脱模

图名	混凝土结构耐久性（三）	图号	FS4-03（三）

4.3.7 混凝土耐久性检测

1. 混凝土原材料检验方法

（1）碱含量检验方法

1）水泥碱含量（不大于0.6%），按照现行水泥标准GB 175检验；

2）混凝土总碱含量（不大于3.0kg/m³），按照《混凝土碱含量限值标准》CECS53：93检验；

（2）骨料，按照《建筑用砂》GB/T 14684和《建筑用卵石、碎石》GB/T 14685检验。

2. 混凝土密实度、抗裂性检验方法

（1）混凝土耐久性检测范围

1）确定配合比前，必须进行原材料、混凝土碱含量、混凝土抗裂性和氯离子扩散系数的检测。施工中还应进行混凝土电通量的检测。

2）采用钢筋保护层测定仪对工程主要混凝土结构或构件的保护层厚度进行测试，取样数量、范围和测试应符合《混凝土结构工程施工质量验收规范》GB 50204的要求。

3）应按照《地铁杂散电流腐蚀防护技术规程》CJJ 49中的相关规定进行杂散电流监测，同时应加强对变电所回流点附近的结构外表面和排流网的钢筋极化电压的正向偏移的监测。

3. 混凝土耐久性检测指标与频度（表4.3-3）

混凝土耐久性检测指标与频度表　表4.3-3

结构部分	混凝土密实度				抗碳化性能		抗裂性能	
	电通量 C(库仑)		氯离子扩散系数 10^{-12}m²/s		快速碳化深度 cm		抗裂等级	
	指标值	次	指标值	次	指标值	次	指标值	次
管片	≤1000	1/区间	≤3	1	≤1	1/区间	L-V	2

注：1. 混凝土标准养护56天时的电通量值、混凝土氯离子扩散系数（RCM方法，龄期为56天）、混凝土抗裂性能试验方法均参照《普通混凝土长期性能和耐久性能试验方法标准》GB/T 50082；抗裂等级评定依据应按《混凝土耐久性检验评定标准》JGJ/T 193执行。

2. 上表中氯离子扩散系数检测频度，若几个车站或区间为同一搅拌站、同一混凝土配方，则可只检测一次。

3. 上表所列数值均为参考值，具体指标及频度可根据各地已建轨道交通工程的混凝土耐久性实测数据，进行相应调整。

| 图名 | 混凝土结构耐久性（四） | 图号 | FS4-03（四） |

混凝土氯离子扩散系数检测照片见图（a）；混凝土电通量检测照片见图（b）。

4. 混凝土结构裂缝和渗水状况的监测

(1) 裂缝的常规检测

除了按规定作混凝土抗裂性试验外，首先是现场肉眼观察混凝土表面裂缝，再用光学放大镜测量其宽度，并用图纸描述。必要时采用取芯样检测裂缝的深度。

(2) 建立混凝土结构裂缝的全过程监测制度

对混凝土结构的裂缝在竣工前应有"裂缝分布图"外，在运营过程中对结构应定期进行监测，观察裂缝发展。同时，应建立结构的裂缝档案。

(3) 对地下结构的渗漏水在竣工前应有"渗漏水平面展开图"，据此进行渗漏水治理。治理措施与效果也应显示在图上，并应以此为基础，建立渗漏水及其治理档案。

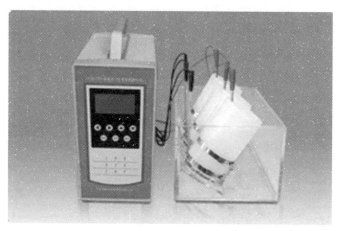

(a) 混凝土氯离子扩散系数检测

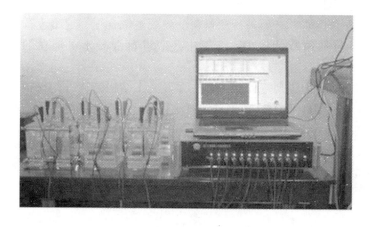

(b) 混凝土电通量检测

| 图名 | 混凝土结构耐久性（五） | 图号 | FS4-03（五） |

4.4 管片接缝防水

4.4.1 一般规定

1. 衬砌接缝防水应按弹性密封或膨胀密封原理设计,宜以预制成型的密封垫为主要防水材料。

2. 衬砌接缝达到允许张开量、错位量和设计水压时,接缝密封垫不应渗漏。设计水压宜为隧道实际承受的最大水压的2~3倍。

3. 环缝张开量应按公式(4.4-1)计算:

$$\delta \geqslant B \times D/(\rho_{min} - D/2) + \delta_0 + \delta_s \qquad (4.4\text{-}1)$$

式中 δ——环缝中密封垫在设计水压作用下,允许的环缝张开量(m);

ρ_{min}——隧道纵向变形曲线的最小曲线半径(m);

D——衬砌环外径(m);

B——衬砌环宽(m);

δ_0——生产及施工误差可能造成的环缝间隙(m);

δ_s——隧道邻近建筑物及桩基沉降引起的隧道挠曲和接缝张开量(m)。

4. 接缝密封垫应按设计要求,进行模拟管片一字缝、T(十)字缝、及其错缝条件下接缝张开的水密性试验检测。按管片的设计沟槽尺寸制作模具,利用模拟管片"一"形、"T"形拼装接缝的耐水压试验装置,测定密封垫在管片设计张开量及错缝量时能承受的水压值。

一字缝水密性检测剖面如图(a)所示;T字缝水密性检测剖面如图(b)所示

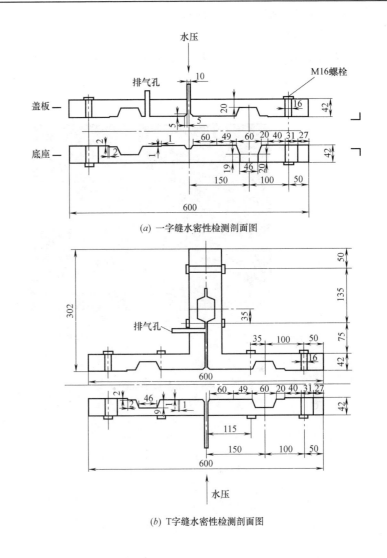

(a) 一字缝水密性检测剖面图

(b) T字缝水密性检测剖面图

| 图名 | 管片接缝防水概况(一) | 图号 | FS4-04(一) |

密封垫一字缝水密性试验现场模具见图（a）；密封垫T字缝水密性试验现场模具见图（b）。

5. 衬砌接缝密封垫应沿衬砌环、纵面成框型，特殊情况下也可成门型、L型、冂型、L型密封垫橡胶条端头孔槽应予封闭。衬砌环封顶块拼装采用纵向插入方式时，密封垫表面应涂润滑剂或作特殊处理。

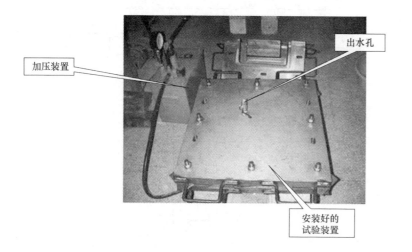

(a) 密封垫一字缝水密性试验现场模具

(b) 密封垫T字缝水密性试验现场模具

| 图名 | 管片接缝防水概况（二） | 图号 | FS4-04（二） |

4.4.2 密封垫沟槽设计原理

1. 衬砌接缝密封垫沟槽的道数、位置、形式、尺寸，应根据盾构区间类型、设计水压、接缝允许的张开量、错位量、接缝面构造等确定，并应与密封垫形式、尺寸相匹配；砌接缝密封垫沟槽可为单道或双道沟槽；衬砌接缝至少应设置一道密封垫沟槽，如图（a）所示：

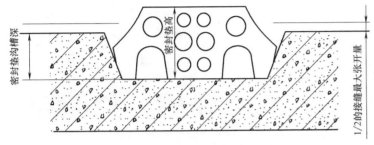

(a) 密封垫沟槽、密封垫形状截面图

2. 衬砌接缝密封垫应能被完全压入密封垫沟槽内，密封垫沟槽的截面积应大于或等于密封垫的截面积，其关系宜按公式（4.4-2）表示：

$$A = (1 \sim 1.15) A_0 \qquad (4.4\text{-}2)$$

式中 A——密封垫沟槽截面积；

A_0——密封垫截面积。

若管片接缝设置垫片，则垫片的厚度应纳入沟槽截面积的计算中。

3. 密封垫及其沟槽现场照片见图（b）。

(b) 密封垫及其沟槽现场照片

| 图名 | 密封垫沟槽设计 | 图号 | FS4-05 |

4.4.3 接缝密封垫材质说明

1. 衬砌接缝密封垫宜选择具有合理构造形式、良好弹性或遇水膨胀性、耐水性的橡胶类材料。目前世界盾构管片接缝密封垫主要分为三种类型：(1) 与遇水膨胀橡胶复合的弹性橡胶密封垫，发挥膨胀止水与压密止水双重功效；(2) 弹性橡胶密封垫，仅依靠接触面受压产生水反力来密封止水；(3) 遇水膨胀密封垫，依靠膨胀应力止水。由于近年来国内市场遇水膨胀材料质量参差不齐、耐久性难以保证。国内的盾构区间接缝材料以单一的三元乙丙橡胶弹性密封垫为主，纯粹依靠弹性压密止水。

2. 各类密封垫材料性能应符合下列要求：
（1）弹性橡胶密封垫材料的物理性能应符合表4.4-1的要求。弹性密封垫材料：由三元乙丙橡胶挤出硫化成型的中孔型密封垫，禁止使用三元乙丙橡胶再生料以及与其他合成胶的混炼胶。弹性密封垫形式：角部棱角分明的框形橡胶圈。弹性橡胶密封垫现场照片见图（a）。

(a) 弹性橡胶密封垫现场照片

(a) 弹性橡胶密封垫的物理性能表　　表 4.4-1

序号	检测项目		指标
1	邵氏硬度(度)		67±5
2	拉伸强度(MPa)≥		10.5
3	断裂伸长率(%)≥		330
4	低温硬度变化，-15℃×24h(度)≤		+15
5	压缩永久变形,70℃×24h%≤		25
6	热空气老化 70℃×96h	邵氏硬度变化(度)≤	+6.0
		拉伸强度变化率(%)≥	-15
		断裂伸长率变化率(%)≥	-30
7	防霉等级(参照 GB 2423-16—1999)		不低于一级

注：以上指标均为成品切片测试的数据，若只能以胶料制成试样测试，则其力学性能指标应达到本标准的120%。

| 图名 | 接缝密封垫材质说明（一） | 图号 | FS4-06（一） |

(2) 遇水膨胀橡胶密封垫胶料的物理性能应符合表 4.4-2 的要求，其现场照片如图 (a) 所示。

(3) 为阻挡地层与盾尾注浆的泥沙和压注的盾尾油脂流入接缝，管片接缝密封垫外侧宜设置挡水条，挡水条材质宜为长条状遇水膨胀橡胶或海绵橡胶，其断面尺寸见图 (b)。

(4) 挡水条沿沟槽兜绕成封闭框型，搭接部位避开转角处，搭接头以斜 45°对接，并用胶粘剂固定。如图 (c) 所示。

(a) 遇水膨胀密封垫现场照片

(a) 遇水膨胀密封垫的物理性能表　　　表 4.4-2

序号	检测项目		指标
1	邵氏硬度(度)		45±7
2	拉伸强度(MPa)≥		3.0
3	断裂伸长率(%)≥		350
4	体积膨胀率(%)≥		400
5	反复浸水试验	拉伸强度(MPa)≥	2.0
		断裂伸长率(%)≥	250
		体积膨胀率(%)≥	300
6	低温弯折，−20℃×2h		无裂纹
7	防霉等级		优于 2 级
净水膨胀倍率＝膨胀后体积/膨胀前体积×100%			

注：1. 成品切片测试应达到本标准的 80%。
　　2. 接头部位的拉伸强度指标不得低于本标准得 50%。

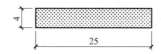

(b) 挡水条断面尺寸构造

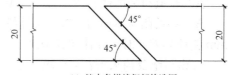

(c) 挡水条搭接细部构造图

图名	接缝密封垫材质说明（二）	图号	FS4-06（二）

4.4.4 接缝密封垫施工说明

1. 产品尺寸公差要求

(1) 弹性橡胶密封垫断面尺寸允差：

高度允差：+0.5mm；最大宽度允差：±1.0mm；脚部宽度允差：±1.0mm；孔径允差：±0.2mm；顶面宽度允差：+1.0mm；

成框尺寸允差：

纵向允差：±3mm；环向允差：±7mm

拐角接头尺寸允差：

高度允差（相对）：±0.3mm；宽度允差（相对）：±0.5mm；接头长度：±3.0mm

(2) 挡水条及遇水膨胀密封垫断面尺寸允差：高度允差：+0.5mm；宽度允差+1.0mm。

2. 拼装要求

管片接缝拼装的闭合压缩力≤6t/m

密封垫的闭合压缩力：管片接缝拼装到理想状态（0mm 张开量、0mm 错位高差）时，弹性橡胶密封垫产生的压缩反力。

3. 密封垫及挡水条安装要求

(1) 管片封顶块的纵缝橡胶密封垫表面在拼装前应涂刷润滑剂，以减少其插入时橡胶密封垫之间的摩阻力。它应为水性涂抹剂，黏度为 300cps。

(2) 弹性橡胶密封垫、挡水条采用单组分阻燃型氯丁胶粘剂粘贴在管片四周的密封垫沟槽内，氯丁胶粘剂性能指标见表（4.3-3）。粘贴面应保持干燥、干净、坚实、平整。粘贴时用刷子将氯丁胶均匀涂刷在两个粘贴面上，第一遍涂刷后待表面初干，再涂刷第二遍，约 15min 左右使溶剂挥发至用手轻触胶膜稍粘而不粘手时，将两个粘贴面合在一起压实即可。

(3) 挡水条、变形缝处的密封垫与挡水条顶面覆贴的遇水膨胀橡胶暴露面需涂刷与其配套的缓膨胀剂。缓膨胀剂性能指标见表（4.4-4）。

氯丁胶粘剂性能指标 表 4.4-3

项 目	指 标
阻燃性	离火 10 秒自熄
橡胶与水泥粘接面剪切强度(MPa)	≥0.20

缓膨胀剂性能指标 表 4.4-4

项 目	指标	备 注
干燥时间：表干(h)[2]	<10	[1] $\beta=\dfrac{\text{涂抹后最终膨胀率}}{\text{未涂抹最终膨胀率}}\times 100\%$
实干(h)[2]	<24	[2] 指缓膨胀剂（一般三度）厚度为 0.8mm（干膜）时测得数据
黏度(MPa·s)	<600	
涂抹与否最终膨胀率之比值(%)β[1][2]	>90	
涂抹缓膨胀剂后七天膨胀率与最终膨胀率之比(%)[2]	<60	

| 图名 | 接缝密封垫施工说明 | 图号 | FS4-07 |

4.4.5 衬砌接缝防水示意图

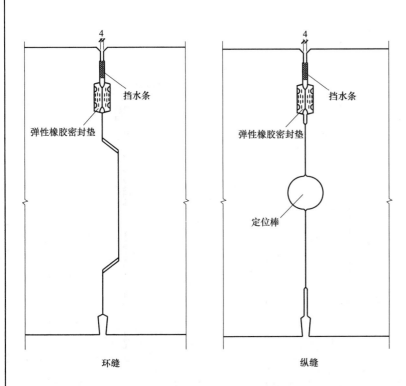

(a) 上海地铁管片接缝防水构造

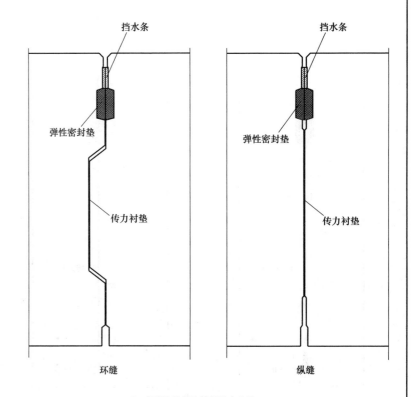

(b) 宁波地铁管片接缝防水构造

说明

上海地铁管片接缝防水构造见图（a）；宁波地铁管片接缝防水构造见图（b）。

| 图名 | 衬砌接缝防水示意图（一） | 图号 | FS4-08（一） |

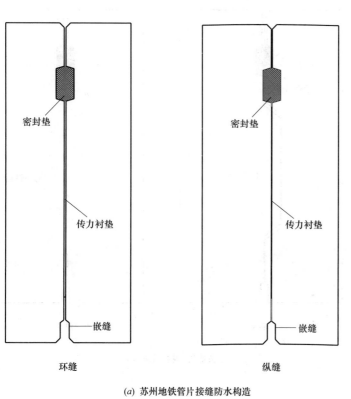

(a) 苏州地铁管片接缝防水构造

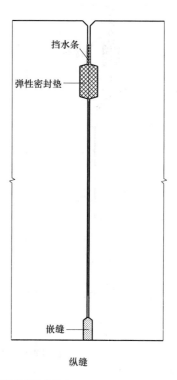

(b) 厦门地铁管片接缝防水构造

说明

苏州地铁管片接缝防水构造见图（a）；厦门地铁管片接缝防水构造见图（b）。

图名	砌接缝防水示意图（二）	图号	FS4-08（二）

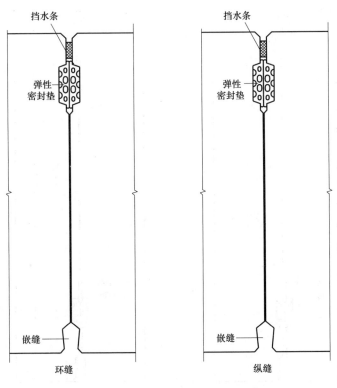

(a) 深圳地铁管片接缝防水构造

(b) 北京地铁管片接缝防水构造

说明

深圳地铁管片接缝防水构造见图（a）；北京地铁管片接缝防水构造见图（b）。

| 图名 | 衬砌接缝防水示意图（三） | 图号 | FS4-08（三） |

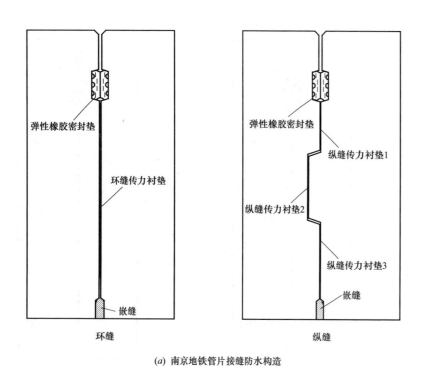

(a) 南京地铁管片接缝防水构造

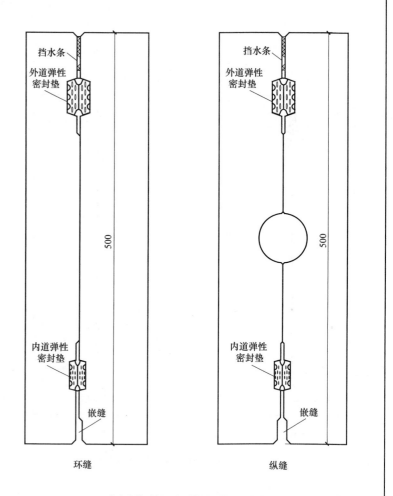

(b) 南京地铁过长江段盾构管片接缝防水构造

说明
南京地铁管片接缝防水构造见图（a）；南京地铁过长江段管片接缝防水构造见图（b）。

| 图名 | 衬砌接缝防水示意图（四） | 图号 | FS4-08（四） |

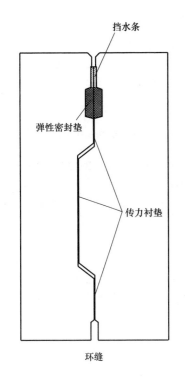

(a) 杭州地铁管片接缝防水构造

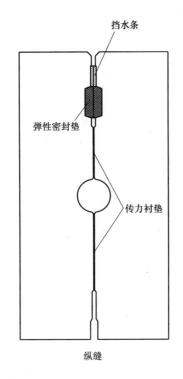

(b) 合肥地铁管片接缝防水构造

说明

杭州地铁管片接缝防水构造见图（a）；合肥地铁过长江段管片接缝防水构造见图（b）。

| 图名 | 衬砌接缝防水示意图（五） | 图号 | FS4-08（五） |

4.4.6 接缝防水密封垫断面形式

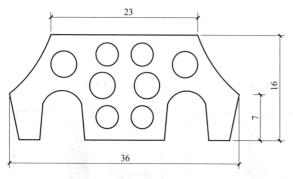

(a) 弹性橡胶密封垫断面(一)

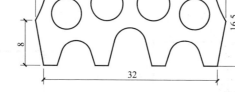

(b) 弹性橡胶密封垫断面(二)

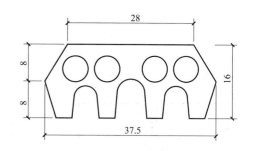

(c) 弹性橡胶密封垫断面(三)

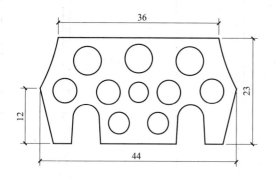

(d) 弹性橡胶密封垫断面(四)

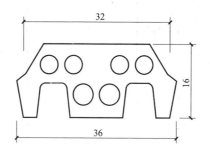

(e) 弹性橡胶密封垫断面(五)

说明

1. 橡胶弹性密封垫由三元乙丙橡胶挤出硫化成型。
2. 密封垫尺寸精度：弹性橡胶密封垫环、纵向加工尺寸，应由施工单位会同生产厂家根据管片尺寸与材料特性研制试套后确定。

断面尺寸允差：

弹性橡胶密封垫：

高度允差：±0.5mm　　最大宽度允差：±1.0mm

脚部宽度允差：±1.0mm　孔径允差：±0.2mm

顶面宽度允差：+1.0mm

成框尺寸允差：

纵向允差：±3mm，环向允差：±7mm

拐角接头尺寸允差：

高度允差（相对）：±0.3mm

宽度允差（相对）：±0.5mm

接头长度：±3.0mm

3. 国内常见的城市轨道交通三元乙丙弹性橡胶密封垫断面形式见图（a）～图（e）。

图名	接缝密封垫断面形式（一）	图号	FS4-09（一）

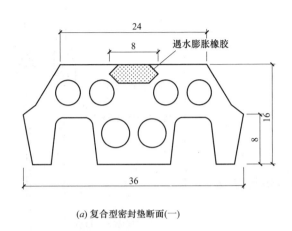

(a) 复合型密封垫断面(一)

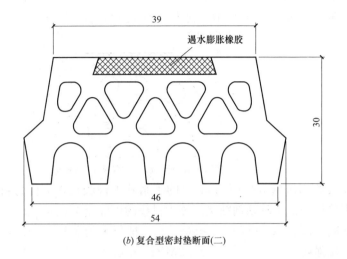

(b) 复合型密封垫断面(二)

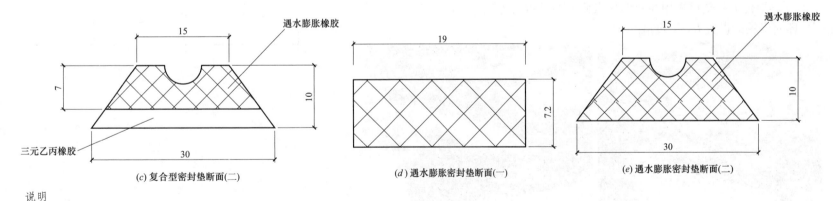

(c) 复合型密封垫断面(二)　　(d) 遇水膨胀密封垫断面(一)　　(e) 遇水膨胀密封垫断面(二)

说明
国内常见的城市轨道交通复合型橡胶密封垫断面形式见图（a）～图（c）；遇水膨胀密封垫断面形式见图（d）、图（e）。

图名	接缝密封垫断面形式（二）	图号	FS4-09（二）

4.4.7 衬砌变形缝防水构造

1. 衬砌变形缝处的弹性橡胶密封垫及挡水条的顶部各加贴 3mm 厚度的遇水膨胀橡胶薄片，如图（a）所示。衬砌变形缝防水构造见（b）。

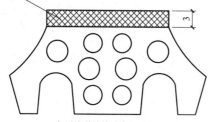

(a) 变形缝弹性橡胶密封垫剖面构造

2. 变形缝环缝处采用 6mm 厚的丁腈软木橡胶板作为传力衬垫。传力衬垫与管片间用单组分氯丁胶粘剂粘接。传力衬垫的性能指标：

硬度（邵尔 A）（度） ≥90°　　扯断永久变形　≤10％
抗拉强度　　　　　　≥3.2MPa　伸长率　　　　≥25％
防霉等级　　　　　　不低于 2 级（即 0～2 级）

3. 变形缝传力衬垫可采用在变形缝表面满粘的设置方法，见图（b），也可采用在部分环面半粘的设置方法，见图（c）。

(b) 环面半满粘传力衬垫

(c) 环面满粘传力衬垫

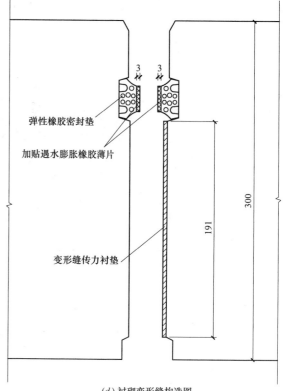

(d) 衬砌变形缝构造图

| 图名 | 衬砌变形缝防水示意图 | 图号 | FS4-10 |

4.4.8 螺栓孔防水构造

1. 螺栓与螺栓孔之间的装配间隙也是渗漏多发处，采用的防水措施一般是弹性密封圈，在拧紧螺栓时，密封圈受挤压变形充填在螺栓和孔壁之间，达到止水效果。

2. 螺孔防水应符合下列规定：

（1）管片螺孔口宜设置锥形倒角的螺孔密封垫圈沟槽；

（2）螺孔密封圈的外形应与沟槽匹配，并应有利于压密止水或膨胀止水；在满足止水的要求下，螺孔密封圈的断面宜小；

（3）螺孔密封圈应为合成橡胶或遇水膨胀橡胶制品，其技术指标要求应符合《高分子防水材料 第4部分：盾构法隧道管片用橡胶密封垫》GB 18173.4 的要求。环（纵）向螺孔密封圈详图见图(a)；螺孔密封圈照片见图(b)。

(b) 螺孔密封圈

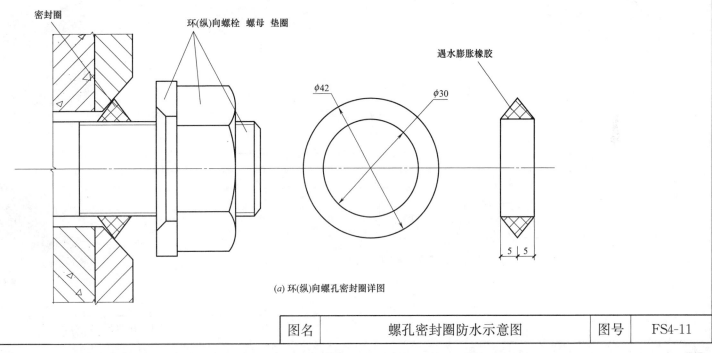

(a) 环(纵)向螺孔密封圈详图

| 图名 | 螺孔密封圈防水示意图 | 图号 | FS4-11 |

4.4.9 管片角部加强措施

1. 为加强弹性橡胶密封垫角部防水，需在密封垫外角部覆贴自黏性橡胶薄板，它由未硫化丁基橡胶薄片构成，厚1.5mm，宽50mm，长75mm×20。粘贴时，仅覆盖部分弹性密封垫表面。其技术性能：剪切粘结强度（按GB 2792测试）≥0.06MPa

2. 管片角部加强防水图见图(a)；自黏性橡胶薄板布置图见图(b)；角部加强现场施工见图(c)、图(d)。

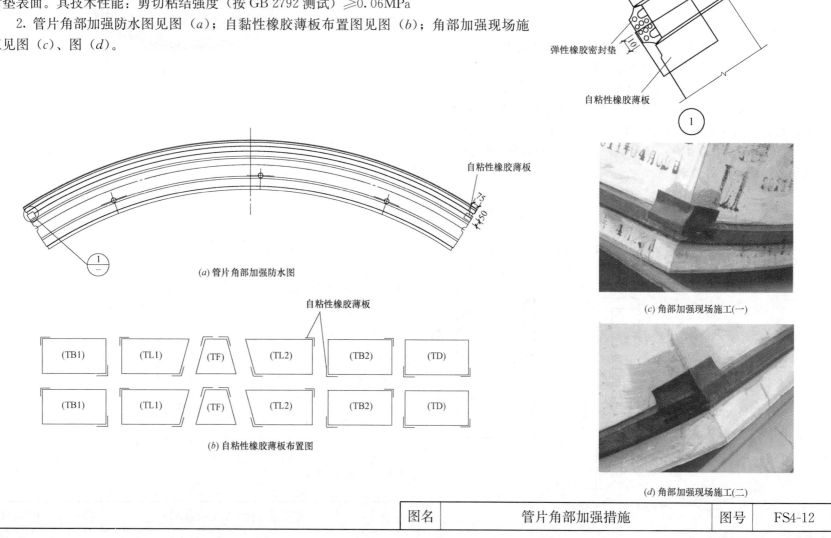

(a) 管片角部加强防水图

(b) 自粘性橡胶薄板布置图

(c) 角部加强现场施工(一)

(d) 角部加强现场施工(二)

图名	管片角部加强措施	图号	FS4-12

4.4.10 衬砌嵌缝防水

1. 衬砌嵌缝作业应在隧道变形基本稳定后进行，若管片接缝有渗漏水，需先进行注浆堵漏处理。在无明显渗漏基础上，再进行嵌缝施工。

2. 管片嵌缝槽的形式应符合以下规定：

1) 嵌缝槽深宽比不应小于2.5，槽深宜为25～55mm，单面槽宽宜为5～10mm；

2) 断面构造形状应根据嵌缝材料材质与形式从平底型、斜底型、单侧型、倒"退拨"型中选择、设计，如图（a）所示；

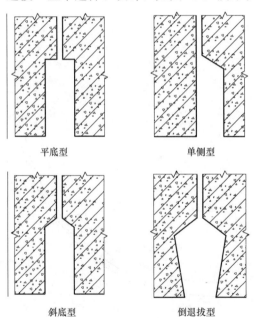

(a) 嵌缝槽断面构造形式

3. 嵌缝范围及材质要求

（1）盾构进、出口洞各20环、联络通道钢管片衬砌中心环缝前后各5环作整环环、纵缝嵌缝；变形缝作整环嵌缝；

（2）其余区段拱顶45°范围及拱底90°范围需进行嵌缝。

（3）由于施工质量等原因，目前国内地铁盾构区间拱顶嵌缝材料脱落的现象普遍存在，部分城市轨道交通盾构区间已相继取消拱顶嵌缝的要求，设计单位可根据现场实际情况，取消拱顶45°范围的嵌缝以及整环嵌缝，仅对拱底90°范围进行嵌缝。

（4）拱顶及整环嵌缝处材料宜采用高模量聚氨酯密封胶，拱底90°范围除变形缝环外，嵌缝材料宜采用聚合物水泥防水砂浆。

| 图名 | 衬砌嵌缝防水（一） | 图号 | FS4-13（一） |

（5）盾构区间嵌缝范围示意图

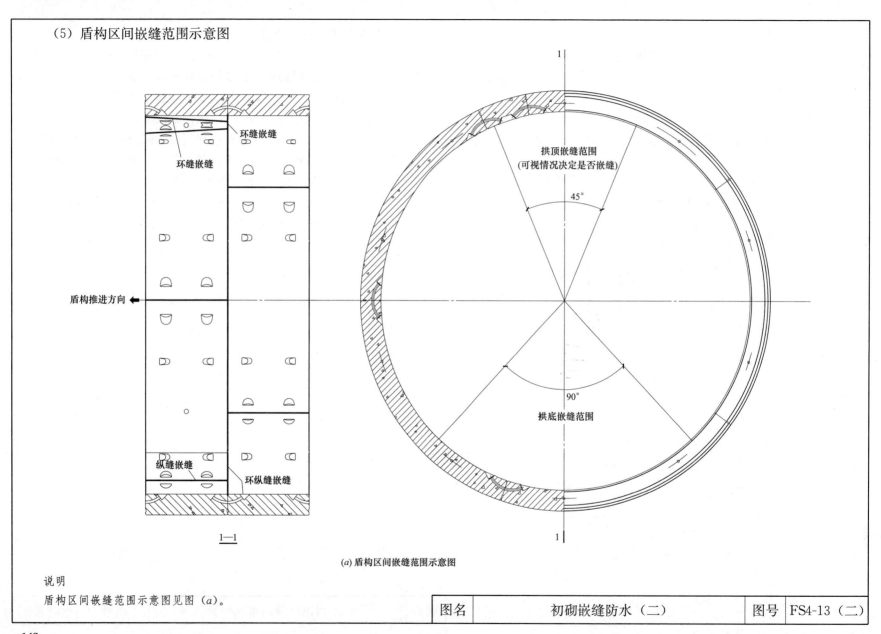

(a) 盾构区间嵌缝范围示意图

说明
盾构区间嵌缝范围示意图见图（a）。

| 图名 | 初砌嵌缝防水（二） | 图号 | FS4-13（二） |

4.5 手孔封堵

4.5.1 一般规定

1. 管片手孔宜采用丙烯酸乳液防腐蚀水泥砂浆或符合《无机防水材料》GB 23440 有关规定的快硬水泥或双组分改性发泡聚氨酯类材料等进行封填。

2. 上半环手孔封堵时应采用塑料保护罩保护，保护罩尺寸见图（a）

（1）保护罩材质为低密度聚乙烯，其性能指标如表 4.5-1 所示：

(a) 塑料保护罩性能指标表　　　　表 4.5-1

项　目	指　标
密度(g/cm³)	0.91～1.5
拉伸强度(MPa)	6.8～16
相对伸长率(%)	90～650
氧指数	≥23

3. 塑料保护罩内螺纹线间距为 12mm，保护罩的壁厚应均匀，厚度允差≤±0.1mm。保护罩内螺纹线中间两段内壁面加工成不规则三角麻点，以加强封堵材料与保护罩的紧密咬合。塑料保护罩使用前，应用碱性洗涤剂清洗保护罩内表面，以利于彻底清除保护罩脱模剂。

4. 区间上半环手孔封堵现场照片见图（b）；下半环手孔封堵现场照片见图（c）。

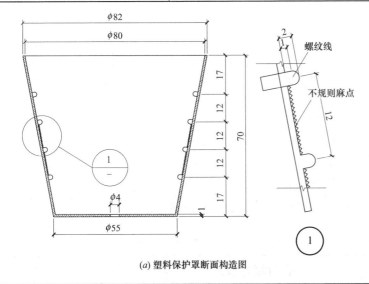

(a) 塑料保护罩断面构造图

(b) 区间上半环手孔封堵现场照片

(c) 区间下半环手孔封堵现场照片

图名	手孔封堵概况	图号	FS4-14

4.5.2 手孔封堵材质说明

1. 国内主要城市轨道交通盾构法区间手孔封堵材料：

目前国内盾构区间手孔封堵主要分为以下几种形式：

（1）以上海12号线之前的线路，以及广州、深圳、哈尔滨、重庆等城市为代表，手孔内采用硫铝酸盐超早强（微膨胀）水泥进行封堵，其中上半环要求保护罩内充填硫铝酸盐超早强（微膨胀）水泥。

（2）以宁波1号线、合肥、北京等城市为代表，区间上半环手孔保护罩内填充双组分发泡改性聚氨酯类材料或填充聚硫密封胶进行封堵。

（3）以上海12号线之后的新线为代表，手孔内采用丙烯酸乳液防腐蚀水泥砂浆封堵，其中上半环要求保护罩内填充丙烯酸乳液防腐蚀水泥砂浆。

国内主要城市轨道交通盾构法区间手孔封堵材料见表4.5-2。

国内主要城市轨道交通盾构法区间手孔封堵材料　　表 4.5-2

序号	城市	区间下半环封堵措施	区间上半环封堵措施	备注
1	宁波	硫铝酸盐微膨胀水泥C20细石混凝土	保护罩内填充低模量聚硫密封胶	1、2号线上半环原设计采用发泡聚氨酯，后变更
2	上海	硫铝酸盐超早强（微膨胀）水泥	保护罩内填充硫铝酸盐微膨胀水泥	12号线之前的线路
		丙烯酸乳液防腐蚀水泥砂浆	保护罩内填充丙烯酸乳液防腐蚀水泥砂浆	12号线及之后的新线采用
3	苏州	硫铝酸盐微膨胀水泥C20细石混凝土	直接填充硫铝酸盐微膨胀水泥细石混凝土	1号线使用
		硫铝酸盐微膨胀水泥C20细石混凝土	不做封堵	4号线使用
4	南京	硫铝酸盐微膨胀水泥C20细石混凝土	保护罩内填充双组份发泡聚氨酯	3号线、10号线曾用，后部分改为硫铝酸盐水泥
			保护罩内充填硫铝酸盐微膨胀水泥C20细石混凝土	4号线局部区段使用
5	北京	硫铝酸盐超早强（微膨胀）水泥	保护罩内充填双组份发泡聚氨酯	1号线使用
			保护罩内填充硫铝酸盐微膨胀水泥	房山线使用
6	合肥	细石混凝土	保护罩内充填双组份发泡聚氨酯	
7	广州	硫铝酸盐超早强（微膨胀）水泥	保护罩内填充硫铝酸盐微膨胀水泥	
8	深圳			
9	哈尔滨			
10	重庆			

| 图名 | 手孔封堵材质说明（一） | 图号 | FS4-15（一） |

2. 丙烯酸乳液防腐蚀水泥砂浆配制时，不应另加助剂。水泥宜采用强度等级不低于 52.5 号的硅酸盐水泥或普通硅酸盐水泥。细骨料宜采用石英砂或河砂，砂子应满足国标《建筑用砂》GB/T 14684 的规定。上半环手孔封堵作业中，水泥中可掺入对半量的快硬水泥替代普通水泥，以加快封堵材料的固结时间。丙烯酸乳液防腐蚀水泥砂浆性能指标应符合表 4.5-3 的规定。

丙烯酸乳液防腐蚀水泥砂浆性能指标表　　　　表 4.5-3

项　目		单　位	指　标
粘结强度	与水泥基层	MPa	≥1.2
	与钢铁基		≥1.5
抗渗等级		MPa	≥1.5
抗压强度		MPa	≥30
抗拉强度		MPa	≥4.5
使用温度		℃	≤60
吸水率		%	≤5.5

3. 硫铝酸盐超早强微膨胀水泥的性能指标应符合表 4.5-4 的规定。

硫铝酸盐超早强微膨胀水泥性能指标　　　表 4.5-4

细度(0.08mm² 孔筛筛余)	<10%
凝结时间(min)	初凝≥5 终凝≤30
抗压强度(MPa)	4hr 10 8hr 16 1d 30
抗折强度(MPa)	4hr 1.8 8hr 2.6 1d 4.5

4. 隧道下半环手孔充填前应于手孔内壁涂刷界面处理剂，界面处理剂性能指标应符合表 4.5-5 的规定：

界面处理剂性能指标表　　　表 4.5-5

剪切粘结强度(MPa)		7 天	≥1.0
		14 天	≥1.5
拉伸粘结强度 （MPa）	未处理	7 天	≥0.4
		14 天	≥0.6
	浸水处理		≥0.5
	热处理		
	冻融循环处理		
	碱处理		

图名	手孔封堵材质说明（二）	图号	FS4-15（二）

4.5.3 手孔封堵施工

1. 基础处理（吹槽），见图（a）。

(a) 基面处理

2. 材料现场拌制，见图（b）、图（c）。

(b) 丙烯酸乳液防腐蚀水泥砂浆现场拌制　　(c) 双组份改性发泡聚氨酯材料现场拌制

3. 手孔表面涂刷界面剂，见图（d）。

(d) 涂刷界面剂

4. 手孔封堵过程，见图（e）。

(e) 手孔封堵过程

5. 手孔封堵效果，见图（f）、图（g）

(f) 丙烯酸乳液防腐蚀水泥砂浆封堵效果

(g) 双组份改性发泡聚氨酯类材料封堵效果

图名	手孔封堵施工说明	图号	FS4-16

4.6 出洞防水装置

盾构出洞时，一般采用地基加固结合设置出洞防水装置的方法，来保证出洞的安全。目前国内城市轨道交通的出洞防水装置种类主要有插板式装置和铰链式装置，对于一些大直径超深埋隧道，也可采用双道铰链式装置。

1. 插板式出洞防水装置

为保证盾构出洞安全，设计人员最初设计了插板式出洞防水装置。插板式盾构出洞防水装置安装时，先设置预制成环的帘布橡胶板于洞口位置，为使帘布橡胶板与洞口紧密相贴，需紧随其后压上圆环板，然后设置可沿洞圈径向移动的扇形压板，再设置垫圈、螺母、螺栓、以便对扇形压板加以定位。

在盾构穿越洞圈时，呈圆环状排列的扇形压板与盾构外径尽量紧密相接，而帘布橡胶板会向盾构推进方向外翻，此时水、土压力正好作用于外翻帘布橡胶板上，橡胶板因无承受水、土压力的能力，其外翻部分会向出洞井方向移动，紧靠住扇形压板，形成一紧箍于盾构外径的"袜套"，从而形成封闭的出洞防水线。待盾构穿越洞圈后，衬砌外径小于盾构外径，洞圈与衬砌之间的间隙增大，此时施工人员沿衬砌径向往隧道圆心移动扇形压板，呈圆环状的扇形压板向衬砌中心收缩，扇形压板与盾构外径又呈紧密相接状态，起到了洞圈防水功效。

上述构造虽能达到一定的防水效果，但实际施工时，扇形压板的移动需靠人工作业，给施工带来相当的不便，因此目前插板式出洞防水装置在国内地铁盾构区间已很少采用，逐渐被铰链式出洞防水装置所取代。

2. 铰链式出洞防水装置

铰链式出洞防水装置采用了铰链板代替扇形压板，也是目前国内较普遍采用的方式。无论是盾构穿越洞圈时还是穿越洞圈后，翻板始终可与盾构外径或衬砌外径紧密相接而无须人工作业，帘布橡胶板可随着铰链板的翻转角度，随时保持其与铰链板的紧密相贴。

铰链板装置由固定板、翻板、销套、销轴、开口销组成，固定板与翻板通过销套、销轴、开口销连为一体，然后固定板烧焊于圆环板上，形成一防水单元，根据盾构与衬砌外径，可计算出组成整体防水体系的单元数，施工人员按单元数目加工，安装即可。

3. 双道铰链式出洞防水装置

随着城市轨道交通的拓展和盾构制造技术的不断发展，更大直径的盾构隧道逐步应用于城市轨道交通工程中，大直径隧道因其必须满足相应的抗浮要求，故隧道出洞位置应有一定的埋深，加之隧道直径很大，出洞位置底部所要承受的水压就较大。设计人员根据实际工况设计了双道铰链式出洞防水装置。

| 图名 | 出洞防水装置概况（一） | 图号 | FS4-17（一） |

此出洞防水装置采用双道铰链式密封压件与帘布橡胶板组成防水线,双道铰链式密封压件之间以止水箱体相连接,止水箱体为一整体密封构件,可通过箱体上的注浆孔灌注防水砂浆与压注堵水材料,以加强两道出洞防水装置之间的止水效果。另外,通过井壁处设置3道密封钢丝刷以及对油脂加注孔压注耐高水压、难燃型油脂的方法,可形成新一道组合密封止水线。

4. 双圆出洞防水装置

双圆隧道相接处由于其特殊构造特点,应采用特殊出洞防水装置。其有别于一般出洞防水装置的构件主要包括特殊断面尺寸翻板、气囊等。双圆相接处若仅按照单圆隧道设置一般尺寸的翻板,会存在较大的间隙,不利于帘布橡胶板的整体防水功效,故此处应根据实际间隙,设置相应尺寸的翻板。双圆隧道相接处的帘布橡胶板因其断面构造原因,在双圆盾构穿越洞圈后,无法在外界水土压力的作用下恢复至紧贴衬砌外径的状态,故需设置特别的恢复装置,恢复装置包括气囊、预埋铁管、充气管、预埋盖形螺母、压块等,气囊由3层橡胶布叠合而成,一般气囊设置数量为3只,充气后呈叠加状态。内衬施工前,先在两圆相接位置预埋一铁管,铁管内设置了3根充气管,当双圆盾构穿越洞圈后,通过埋设于铁管中的充气管向气囊内充气,3只气囊膨胀后挤压两圆相接处的帘布橡胶板回复至紧贴衬砌外径状态,从而保证双圆出洞防水装置的密闭性与整体性"

5. 出洞防水装置(出洞前)见图(a);出洞防水装置(机头穿越洞圈时)见图(b);出洞防水装置(出洞后)见图(c)。

(a)出洞防水装置(出洞前)

(b)出洞防水装置(机头穿越洞圈时)

(c)出洞防水装置(出洞后)

| 图名 | 出洞防水装置概况(二) | 图号 | FS4-17(二) |

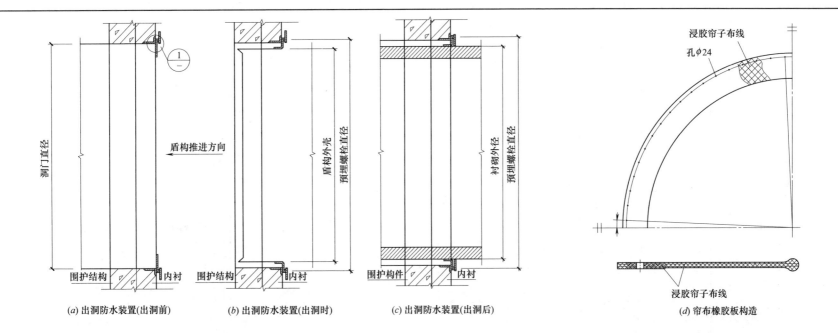
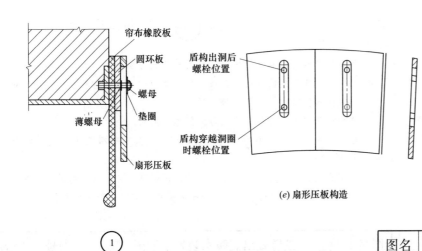

说明

1. 在出洞井内衬混凝土浇筑前，在预埋钢环上预先烧焊成环布置的预埋螺母，且其端部采用圆钢片与螺母紧密焊接，以免内衬混凝土浇捣时泥浆水流入其中造成螺母堵塞。

2. 帘布橡胶板在生产过程中加入了环向和径向锦纶线，保证了帘布橡胶板在隧道推进过程中的完整性，且不会随着盾构和衬砌的外翻而受损。另外，帘布橡胶板的端部设计成圆球凸起状，以加强端部与盾构或衬砌外径的紧密相贴。

3. 圆环板可分段加工制作，但安装时段与段之间的间隙应控制在最低程度。

4. 出洞防水装置（出洞前）见图（a）；出洞防水装置（出洞时）见图（b）；出洞防水装置（出洞后）见图（c）。帘布橡胶板构造见图（d）；扇形压板构造见图（e）。

| 图名 | 插板式出洞防水装置示意图 | 图号 | FS4-18 |

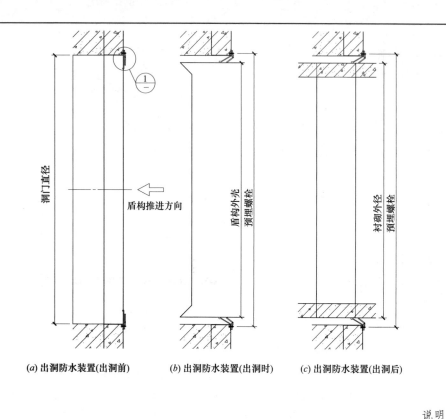

(a) 出洞防水装置(出洞前)   (b) 出洞防水装置(出洞时)   (c) 出洞防水装置(出洞后)

(d) 铰链式出洞防水装置细部构造

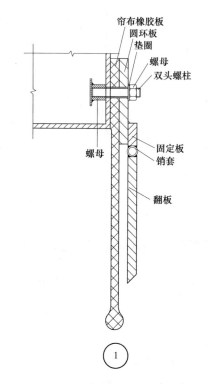

说明

1. 帘布橡胶板由模具分块压制，然后连接成一整框。
2. 圆环板加工安装困难时可分段制作。固定板、翻板和销套焊接成一体。然后插入销轴，焊于圆环板。
3. 盾构机头出洞时，要求机头与洞门尽量同心。
4. 盾构机头外壳表面不得有突出物，以免撕裂帘布橡胶板，机头外壳表面宜涂黄油，以利顶入。
5. 出洞防水装置（出洞前）见图(a)；出洞防水装置（出洞时）见图(b)；出洞防水装置（出洞后）见图(c)；铰链式出洞防水装置细部构造见图(d)。

| 图名 | 铰链式出洞防水装置示意图 | 图号 | FS4-19 |

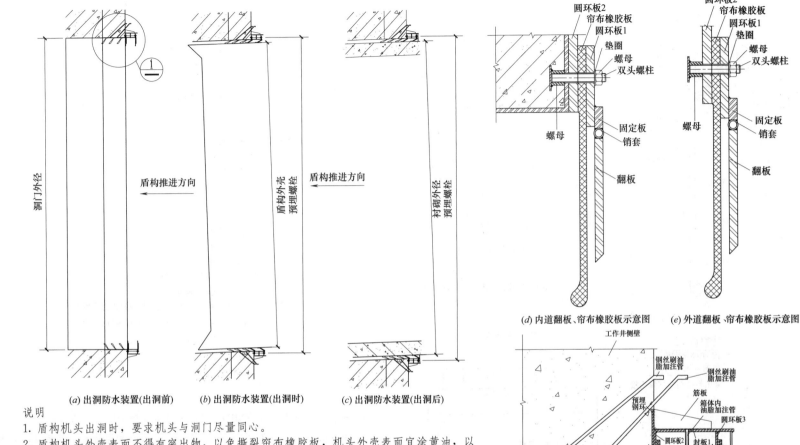

说明
1. 盾构机头出洞时，要求机头与洞门尽量同心。
2. 盾构机头外壳表面不得有突出物，以免撕裂帘布橡胶板，机头外壳表面宜涂黄油，以利顶入。
3. 油脂加注管的管径及材料、位置等由施工单位根据油脂的材性及盾构推进速度、油脂灌注的速度要求等定。
4. 钢丝刷弹簧板热处理后硬度HRC44±2，加工打磨干净，无毛刺、飞边。刷丝为镀铜钢丝，抗拉强度≥2250MPa，钢丝束要整齐。
5. 出洞防水装置（出洞前）见图(a)；出洞防水装置（出洞时）见图(b)；出洞防水装置（出洞后）见图(c)。内道翻板、帘布橡胶板见图(d)。外道翻板、帘布橡胶板见图(e)。

| 图名 | 双道铰链式出洞防水装置示意图 | 图号 | FS4-20 |

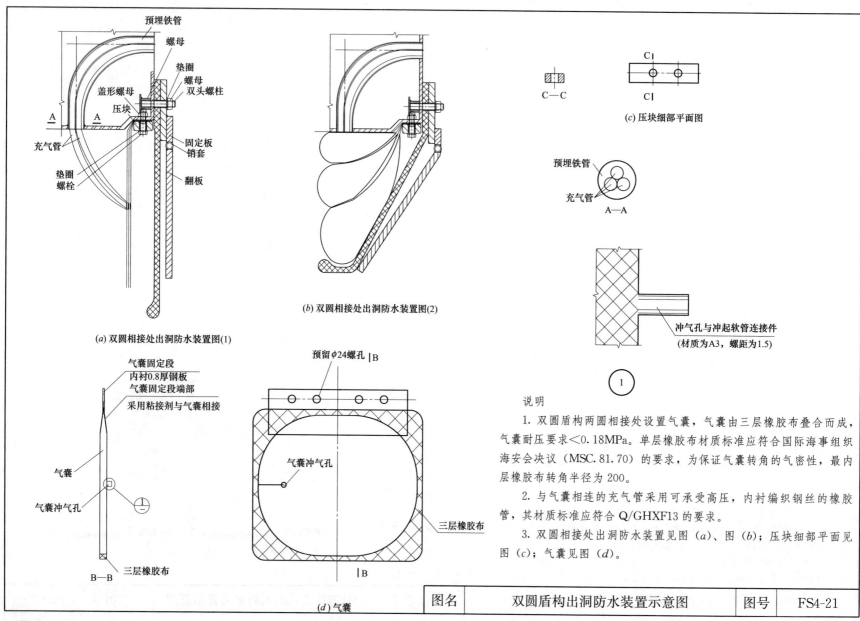

后浇混凝土洞圈防水

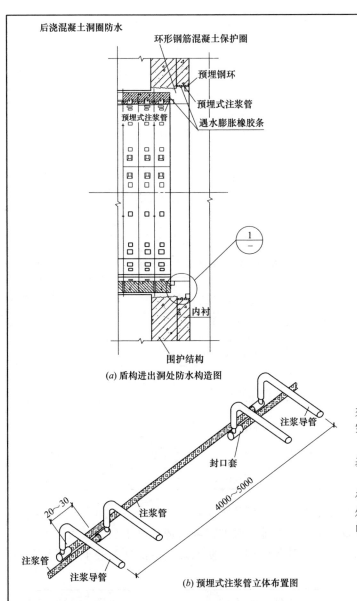

(a) 盾构进出洞处防水构造图

(b) 预埋式注浆管立体布置图

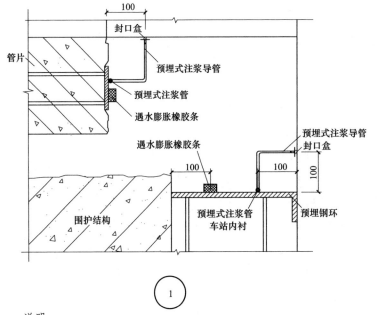

说明

1. 后浇混凝土环梁两侧施工缝应预设全断面出浆的注浆管与遇水膨胀止水条加强防水。
2. 注浆管单管长度约9m左右，直径约10mm，每隔300mm设置一固定件。注浆管接头处应交错搭接。注浆管应与混凝土基面紧密相贴，若两者之间有空隙，须相应增设固定件，以消除空隙。
3. 注浆导管及其端部配套的封口盒采用铅丝固定于同向的钢筋上，封口盒应尽量贴近模板基面。
4. 在接缝产生较大渗漏时，宜采用聚氨酯浆液做注浆处理。聚氨酯浆液应符合《聚氨酯灌浆材料》JC/T 2041中OPU的性能指标；在接缝产生较小渗漏时，宜采用水性环氧树脂浆液做注浆处理。环氧树脂浆液应符合《混凝土裂缝用环氧树脂灌浆材料》JC/T 1041中固化物力学性能Ⅱ级的性能指标。
5. 预埋式注浆管、遇水膨胀橡胶条的设置部位如与钢筋冲突，可适当偏移，但需经设计确认。
6. 遇水膨胀橡胶条的性能指标同本砌接缝挡水条，其暴露面需涂刷缓膨胀剂。
7. 盾构进出洞处防水构造见图(a)；预埋式注浆管立体布置见图(b)。

| 图名 | 后浇混凝土洞圈防水示意图 | 图号 | FS4-22 |

4.7 管片外防水涂层

1. 当盾构法区间位于中等以上腐蚀的地层中时，管片外弧面宜涂刷外防水涂层。涂层应涂刷在衬砌背面和环、纵缝橡胶密封垫外侧的混凝土上。

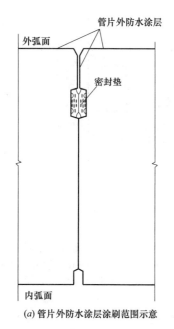

(a) 管片外防水涂层涂刷范围示意

2. 管片外防水涂层的技术要求

（1）涂层应能在盾构密封用钢丝刷与钢板挤压条件下不损伤、不渗漏；

（2）在管片弧面的混凝土裂缝宽度达到0.3mm，在最大埋深处水压下不应渗漏；

（3）耐腐蚀性和耐候性好，且无毒或低毒；

（4）具有防杂散电流的功能，其体积电阻率高；

（5）施工简便，冬季也能操作。

3. 管片外防水涂层材质要求

（1）管片外防水涂料宜选用环氧或改性环氧类等具有封闭功能及兼有渗透性特点的反应型涂料，也可选用水泥基渗透结晶型或硅氧烷类渗透自闭型涂料；

（2）应按照国家标准《混凝土结构耐久性设计规范》GB/T 50476中规定的海洋氯化物环境、化学腐蚀等环境条件分类，确定相应的环氧或改性环氧等封闭型涂料、水泥基渗透结晶型或硅氧烷类等渗透自愈型材料等管片外防水防腐蚀涂层的技术性能指标。

（3）改性环氧类涂料基本满足管片外防水涂层的技术要求，涂料施工时受天雨与场地的制约，为涂刷到位，需多次翻转管片。改性环氧类涂料性能指标应符合表4.7-1要求。

改性环氧类涂料性能指标表　　表 4.7-1

序号	检测项目		指标
1	密度（常温）(g/cm³)		1.03～1.08
2	起始黏度（15℃，MPa·S）		2.6～6.0
3	表面张力（20℃，10^{-1}N/cm）		38.4～40.8
4	接触角（20℃）		15°～20°
5	初凝时间（h）		8～30
6	抗压强度（MPa）		60～80
7	剪切强度（MPa）		18～27
8	抗折强度（MPa）≥		16
9	粘结强度（MPa）≥	干燥基层	5.8
		潮湿基层	4.6
10	抗渗系数（cm/s）		10^{-12}～10^{-15}

（4）水泥基渗透结晶型防水涂料以干粉或涂料形态，干撒或涂抹于管片背面防水。在地下潮湿或渗水环境利于晶体增殖防水，也适宜雨期施工，但其封闭特性、防杂散电流的功能逊于环氧类有机涂层。

图名	管片外防水涂层	图号	FS4-23

4.8 联络通道及泵房防水

1. 概述

盾构区间的联络通道采用矿山法施工，衬砌的初期支护宜在土体加固、防渗条件下施工。目前联络通道土体主要有以下几种加固方式：

（1）冻结法——利用人工制冷技术，使地层中的水结冰，把天然岩土变成冻土，然后进行开挖。该方法能够有效隔绝地下水，且适应各种复杂地质条件。

（2）地面搅拌桩加固——采取以钻孔灌注桩与旋喷桩为主，辅以劈裂注浆加固死角的综合方案加固联络通道区域的土体，然后进行开挖。该方法具有良好的经济效益，但需占用地面，影响周边环境。

（3）矿山法——在围岩预支护条件下，进行全断面或分步开挖土体，适合在岩石地层或地下水较少的松软地层中采用。

联络通道二衬混凝土应采用防水、耐久混凝土，混凝土强度等级不应低于C35，抗渗等级应根据埋深而定，并不应小于P8；联络通道混凝土的自防水及耐久性具体要求同矿山法区间混凝土。

初衬支护与内衬间应设塑料防水板与土工织物组成的夹层防水层，并应设置分区注浆系统加强防水；塑料防水板及分区注浆系统的材质及施工要求详见本图集"3. 城市轨道交通矿山法结构防水设计与施工"。应加强壁后注浆管与穿过的塑料防水层接头的防水密封。

当联络通道位于砂性土层中时，可采用内防水做法代替夹层防水，内防水层宜采用聚合物水泥砂浆、水泥基渗透结晶型材料等抗裂防渗材料。

联络通道与盾构隧道的接头施工缝宜采用缓膨胀型遇水膨胀类止水条（胶）、预留注浆管等接头密封材料防水。

联络通道冻结法施工现场见图（a）；联络通道搅拌桩加固见图（b）。

(a) 联络通道冻结法施工

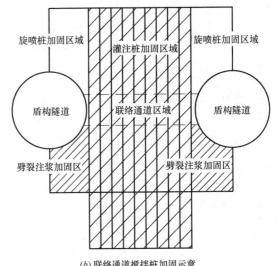

(b) 联络通道搅拌桩加固示意

| 图名 | 联络通道及泵房防水概况 | 图号 | FS4-24 |

2. 联络通道防水

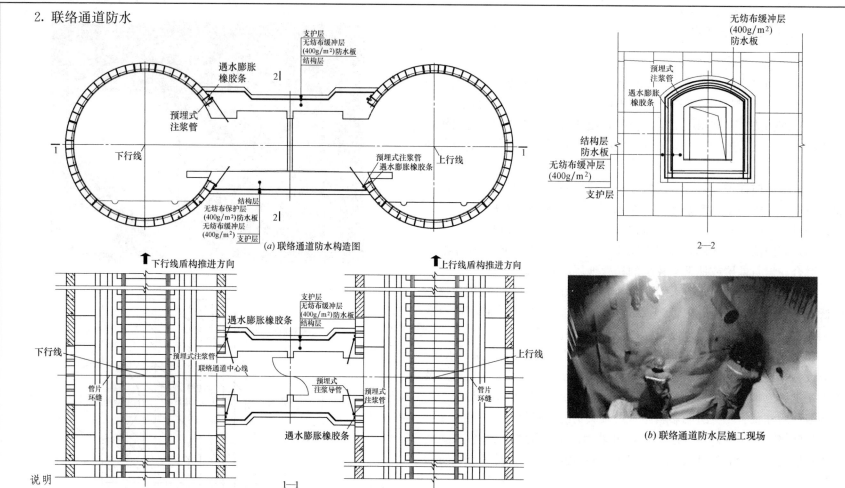

说明:
1. 本图为联络通道夹层防水层构造图。
2. 联络通道防水层应紧随支护层施工而施作，先铺设一层无纺布缓冲层，然后铺设防水板，再铺设一层无纺布保护层。缓冲层以机械固定方法固定于支护层上，保持层以点粘法热熔固定于防水板上。支护层宜平整、无尖锐物，其平整度应符合 $D/L \leqslant 1/10$ 的要求。
3. 钢管片与结构层的接缝处设置兜绕成环的遇水膨胀橡胶条和预埋注浆管。遇水膨胀橡胶条的断面尺寸为 30mm×12mm，以胶粘剂固定于钢管片上。其性能指标同管片弹性橡胶密封垫中采用的遇水膨胀橡胶。
4. 底板铺设防水板之后需加铺无纺布保护层。
5. 联络通道防水构造见图 (a)；联络通道防水层施工现场见图 (b)。

| 图名 | 联络通道防水示意图 | 图号 | FS4-25 |

3. 联络通道及泵房防水

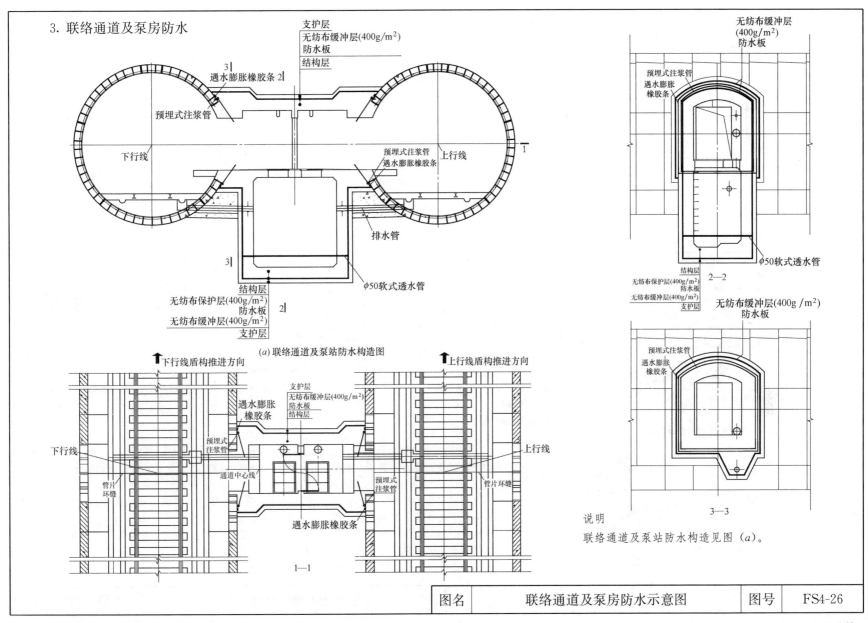

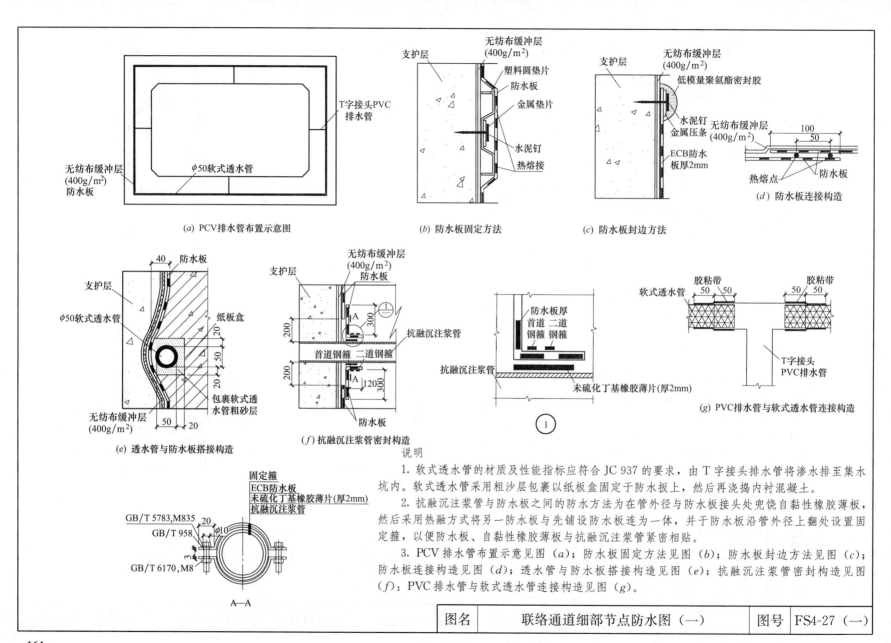

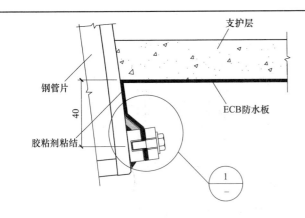

(a) 与钢管片相接的防水板封边方法

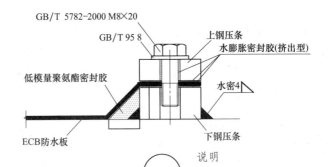

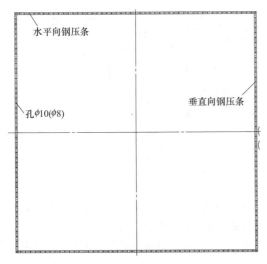

(b) 上(下)钢压条平面构造

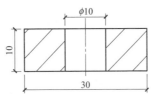

(c) 上钢压条剖面构造图

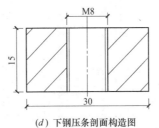

(d) 下钢压条剖面构造图

说明

1. 注浆管单管长度约4m左右，每隔300mm设置一固定件。注浆管接头处应交错搭接。注浆管应与混凝土基面紧密相贴，若两者之间有空隙，须相应增设固定件，以消除空隙。

2. 防水板采用钢压条紧固封边的方法来达到防水板边端防水的目的，钢压条的材质为Q235A钢。具体操作程序为：下钢压条水密焊接于钢管片外弧面，下钢压条上表面沿长度方向预先满涂一层水膨胀密封胶（挤出型），然后防水板按低模量密封胶灌注形成的斜面铺设于下钢压条上，并在下钢压条螺孔位置打孔钻透防水板。接着在防水板上再满涂水膨胀密封胶（挤出型），最后将上钢压条压上，并用螺栓拧紧。

3. 下钢压条若分为若干段压条排布，压条接头之间必须水密焊透，且基面需磨平。上钢压条接头之间需紧密相贴，无须焊接。

4. 下钢压条若焊接操作空间有限，支护层的内净尺寸可适当放大，以保证下钢压条的焊接质量。

5. 上下钢压条的平面尺寸与孔距可根据不同的结构尺寸做相应调整。

6. 与钢管片相接的防水板封边方法见图（a）；上（下）钢压条平面构造见图（b）；上钢压条剖面构造见图（c）；下钢压条剖面构造见图（d）。

| 图名 | 联络通道细部节点防水图（二） | 图号 | FS4-27（二） |

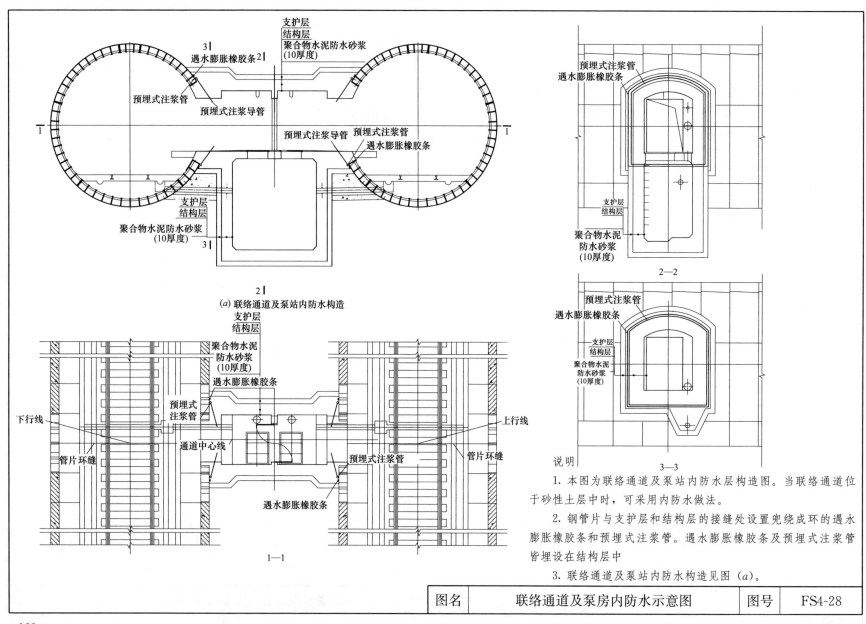

5 相关防水材料供应商及技术资料简介

5.1 钠基膨润土防水毯

5.1.1 产品简介

钠基膨润土防水毯是一种介于 CCL（现场厚压实黏土防渗衬垫）和高分子材料——土工膜之间的一种防渗衬垫。主要应用于环境工程中的废弃物填埋场、地下水库、地下隧道、轨道交通建设等工程中，解决密封、隔离、防渗漏问题，效果好，抗破坏性强。

5.1.2 防水机理

膨润土的矿物学名称为蒙脱石，天然的膨润土按化学成分主要分为钠基和钙基两大类。膨润土具有遇水膨胀的特性，一般钙基膨润土膨胀时，其膨胀仅为自身体积的 3 倍左右；而钠基膨润土膨胀时，约为自身体积的 15 倍左右，能吸收 6 倍于自身重量的水，这样膨胀的膨润土所形成的高密度胶体具有排斥水的性能。利用这个性能，采用钠基膨润土来做防水材料。为方便施工和运输，将膨润土锁在两层土工合成材料中间，起保护和加固的作用，使膨润土防水毯具有一定的整体抗剪强度。

5.1.3 主要性能特点

1. 密实性：钠基膨润土在水压状态下形成高密度横隔膜，厚度约 3mm 时，它的透水性为 $a \times 10^{-1}$m/s 以下，相当于 100 倍的 30cm 厚度黏土的密实度，具有很强的自保水性能。

2. 具有永久的防水性能：因为钠基膨润土系天然无机材料，即使经过很长时间或周围环境发生变化，也不会发生老化或腐蚀现象，因此防水性能持久。

3. 施工简便，工期短：和其他防水材料比较，施工相对比较简单，不需要加热和粘贴。只需用膨润土粉末和钉子、垫圈等进行连接和固定。施工后不需要特别的检查，如果发现防水缺陷也容易维修。钠基膨润土防水毯是现有防水材料中施工工期最短的。

4. 不受气温影响：在寒冷气候条件下也不会脆断。

5. 防水材料和对象的一体化：钠基膨润土和水反应时，具有 13～16 倍的膨胀能力，即使混凝土结构物发生震动和沉降，防水毯内的膨润土也能修补 2mm 以内混凝土表面的裂纹。

6. 绿色环保：膨润土为天然无机材料，对人体无害无毒，对环境没有特别的影响，具有良好的环保性能。

5.1.4 施工工艺

1. 施工流程

膨润土防水毯施工工艺流程主要包括：施工准备—基层处理—铺设准备—膨润土防水毯的铺设—防护措施。

（1）施工准备

1）准备 8m×10m 以上的平整空地，以便进行卸货和放样裁剪。

2）少量水源，和直径 400mm、深 500mm 的水桶，以便配制膨润土胶体。

3）几把电工刀，以便按地形裁割膨润土防水毯。

4）准备 4 块长 4m、厚 25mm、宽 250mm 以上的木板，以便卸货时架空，将膨润土防水毯材料放置在木板上。

5）膨润土防水毯现场堆放见图（a）。

(a) 防水毯场地堆放

注：本节根据上海仁众实业股份有限公司提供的技术资料编制。

| 图名 | 膨润土防水毯相关技术资料（一） | 图号 | FS5-1（一） |

（2）基层处理

1) 将需铺设面的素土用必要的设备整平夯实，压实度达90%以上，表面应平整光滑，不能有凸出2cm以上的岩石和其他尖锐物体，也不能有明显的空洞。

2) 基层表面应基本干燥，不能有明显的积水，如果地面有积水，要先进行排水作业，可设置排水沟、槽、坑进行排水。

3) 基层及构造阳角修圆，半径一般不小于10cm。

4) 膨润土防水毯施工前应对基层进行验收合格。

5) 基面清理现场照片见图（b）。

(b) 基面清理现场照片

（3）铺设准备

1) 分析需铺设地形条件，安排先后次序，制定合理的铺设方案。根据材料宽度和长度，预计分配合理的裁剪图或预案，做下料准备。

2) 将准备铺设的膨润土防水毯在空地上展平，见图（a），按预定方案裁剪成需要的形状，见图（b）。

3) 检查外观质量，记录并修补已发现的机械损伤和生产创伤、孔洞等缺陷。

4) 膨润土防水毯的施工应在无大雨、无雪天气下进行。

(a) 防水毯在空地上展平

| 图名 | 膨润土防水毯相关技术资料（二） | 图号 | FS5-1（二） |

(b) 膨润土防水毯现场裁剪

（4）膨润土防水毯的铺设

1）大面积的铺设宜采用机械施工，条件不具备或小面积的也可采用人工铺设。防水毯底板铺设现场见图（a），侧墙铺设现场见图（b）。

2）按规定顺序和方向分区分块进行膨润土防水毯的铺设。

3）对裁剪后的材料，需小心缓慢卷起，用人力或机械运至铺设位置，再按要求展开拉平。

4）按连接方案，将膨润土防水毯平整、搭接完美地铺设。毯与毯之间的接缝应错开，不宜形成贯通的接缝。

5）膨润土防水毯搭接面不得有砂土、积水（包括霉水）等影响搭接质量的杂质存在。

6）发现有孔洞等缺陷损伤（超过2cm破损的），应及时用膨润土粉或用破损部位尺寸放大30cm以上的膨润土防水毯及膨润土粉进行局部覆盖修补即可，见图（c），边缘部位按搭接要求处理。

（5）防护措施

1）在铺设混凝土压实面以前，为防止接缝的走动，需在接缝处、膨润土防水毯周边与素土结合处用水泥砂浆压缝，一般不小于10cm宽、2cm高。

2）膨润土防水毯铺设完毕后，应尽快进行捆绑钢筋和浇筑混凝土的施工工作。

(a) 防水毯底板铺设　　(b) 防水毯侧墙铺设

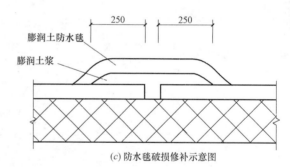

(c) 防水毯破损修补示意图

2. 膨润土防水毯细部节点处理

（1）膨润土防水毯的搭接：

1）自然搭接——干撒法，见图（a）。

将膨润土防水毯在长度和宽度方向搭接10cm，应保证接缝无褶皱，无杂土和其他材料。在膨润土防水毯重叠处，用人工或机械铺撒膨润土干粉搭接在两层膨润土防水毯中间。

| 图名 | 膨润土防水毯相关技术资料（三） | 图号 | FS5-1（三） |

2）密搭接封——膏体法，见图（b）。

一般在较平整的接缝处直接铺抹封，平面部位搭接用膨润土膏——可在膨润土粉末中加水（重量比1:3），连续均匀拌合，直到获得平滑柔软的膏体后，将膨润土膏封闭住所有接缝。

3）立面或斜面搭接

在斜坡、立面和特殊节点用膨润土专用密封膏进行封口。

(a) 干撒法搭接现场照片

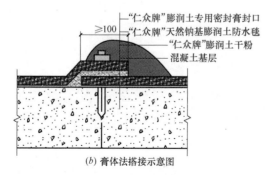

(b) 膏体法搭接示意图

（2）膨润土防水毯与结构物的连接：

1）应用膏体法仔细密封，与结构物相连时，对水平面上的膨润土防水毯末端应精细施工，保证密封。

2）立面及坡面上铺设膨润土防水毯时，为避免其滑动，可用销钉加垫片将其固定，除了在膨润土防水毯重叠部分和边缘部位用钢钉固定外，整幅膨润土防水毯中间也需视平整度加钉，务求膨润土防水毯稳固服帖地安装在墙面和地面，封闭时采用膨润土专用密封膏贴合在墙体上。膨润土防水毯立面固定见图（a）、图（b）。

(a) 防水毯立面固定（一）

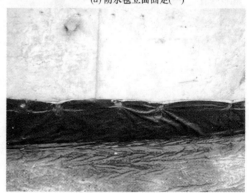

(a) 防水毯立面固定（二）

| 图名 | 膨润土防水毯相关技术资料（四） | 图号 | FS5-1（四） |

(3) 膨润土防水毯桩头节点防水处理见图（a）；桩头现场施工照片见图（c）、图（c）。

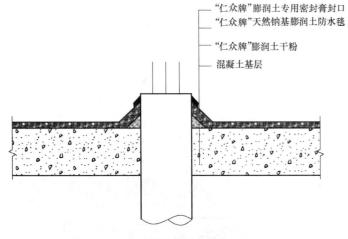

(a) 防水毯桩头节点大样图

(b) 桩头防水处理现场照片(一)

(c) 桩头防水处理现场照片(二)

| 图名 | 膨润土防水毯相关技术资料（五） | 图号 | FS5-1（五） |

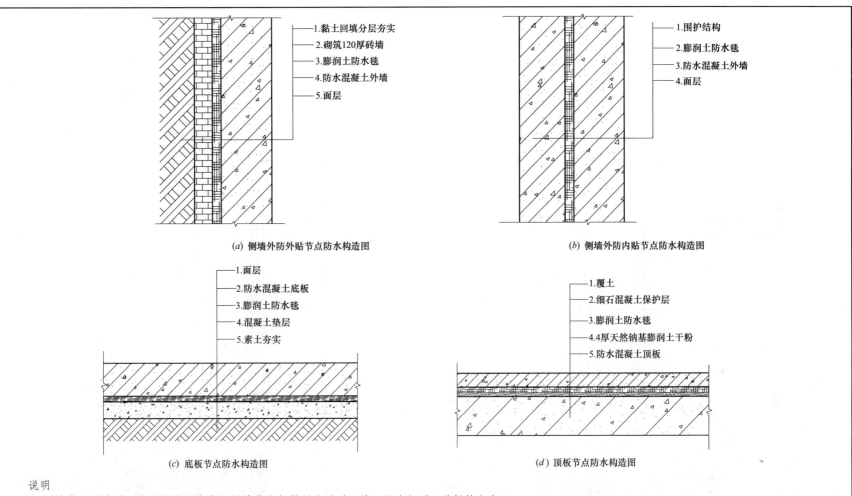

说明
1. 侧墙黏土回填时，应分层碾压夯实，侧墙黏土保护层应及时回填，且有如下3种保护方案：
(1) 先用M5水泥砂浆砌120mm厚砌体墙，再分层碾压回填黏土；
(2) 用2m×1m×0.8mm镀锌钢板进行保护，再分层碾压回填黏土
(3) 回填黏土土质较好，不会对防水毯造成破坏时，可直接分层碾压回填黏土；
2. 侧墙外防外贴节点防水构造见图(a)；侧墙外防内贴节点防水构造见图(b)；底板节点防水构造见图(c)；顶板节点防水构造见图(d)。

| 图名 | 膨润土防水毯相关技术资料（六） | 图号 | FS5-1（六） |

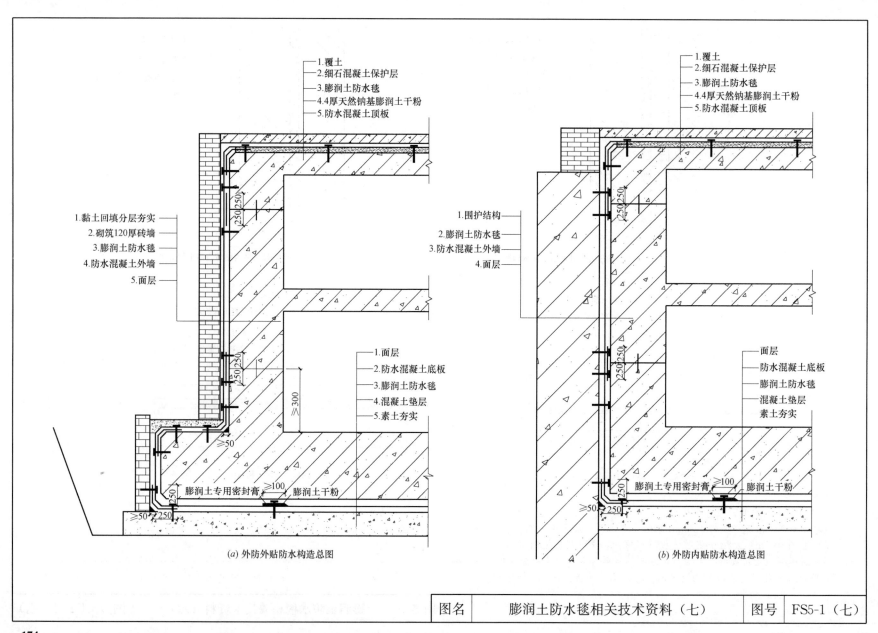

5.2 现浇轻质泡沫混凝土

5.2.1 产品简介

轻质泡沫混凝土是通过发泡机的发泡系统将发泡剂用机械方式充分发抱，并将泡沫与水泥浆均匀混合，然后经过发泡机的泵送系统进行现浇施工或模具成型，经自然养护所形成的一种含有大量封闭气孔的新型轻质混凝土材料。在城市轨道交通工程中，轻质泡沫混凝土可替代回填土使用。轻质泡沫混凝土现场照片如图（a）所示。

5.2.2 应用机理

填土为松散性材料，其综合刚度靠压缩比来保证，局部受压状态下，受压区域的土体向周围推挤，从而向侧向约束施力；轻质泡沫混凝土是半刚性的板体材料，具有自立性，综合刚度由材料抗压强度保证，在填筑体局部受压未达到其抗压强度峰值时，轻质泡沫混凝土可视为不可压缩体；当轻质泡沫混凝土填筑体局部受压达到或超过其抗压强度峰值时，受压局部轻质泡沫混凝土的微孔结构发生塌缩变形，吸收局部压力后仍具有较大的残余强度，且受压区域不向周围产生推挤力。

5.2.3 主要性能特点

针对城市轨道交通填筑领域，主要利用轻质泡沫混凝土 3 点特性。

1. 轻质高强

轻质泡沫混凝土在应用中替代 A、B、C 组料或常规土回填，其常用密度一般为常规填料的 1/5～1/2。最小无侧限抗压强度为常规压实填料的 2 倍以上。

2. 固化自立性

基层填料在自身重力及荷载作用上，发生的滑移、变形，引起工程后期病害的主要原因；轻质泡沫混凝土固化后具有自立性，一个连续的轻质泡沫混凝土填筑区表现为超固结状态；轻质泡沫混凝土填料在单位面积内承受的压强不超过其抗压峰值的情况下，不会出现滑移、变形等现象。

3. 施工速度快

常规基层填料在施工要经过：填料→平整→碾压→沉降的循环，工后再加上半年以上的沉降期，相应工期较长。轻质泡沫混凝土的施工过程为：浇注填料→固结，循环填筑，无工后沉降期，在保证质量、避免后期病害的同时，缩短了工期，为业主带来超前收益。

(a) 轻质泡沫混凝土现场照片

注：本节根据河南华泰建材开发有限公司提供的技术资料编制。

| 图名 | 现浇轻质泡沫混凝土相关技术资料（一） | 图号 | FS5-2（一） |

5.2.4 施工工艺流程

轻质泡沫混凝土的生产过程包括：泡沫制备、料浆制备、浆泡混合、泵送、浇筑成型、养护、检验，工艺流程见图（a），现场施工照片见图（b），轻质泡沫混凝土专用泵送设备见图（c）。

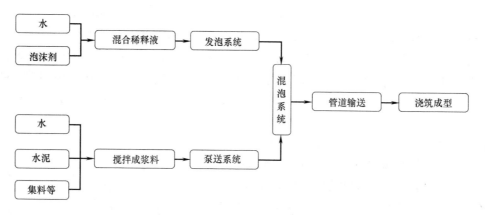

(a) 轻质泡沫混凝土的生产工艺流程

(b) 轻质泡沫混凝土施工现场

(c) 轻质泡沫混凝土专用泵送设备

| 图名 | 现浇轻质泡沫混凝土相关技术资料（二） | 图号 | FS5-2（二） |

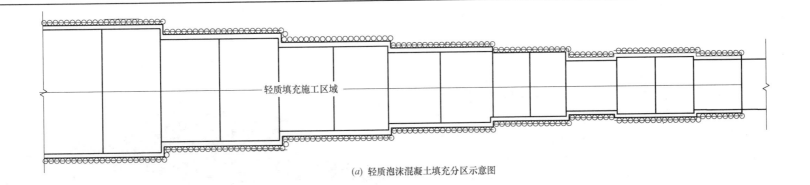

(a) 轻质泡沫混凝土填充分区示意图

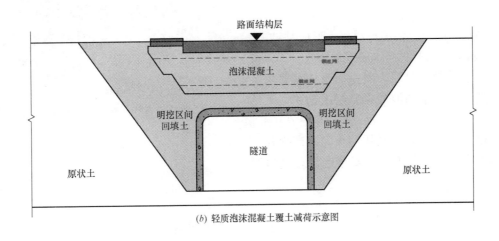

(b) 轻质泡沫混凝土覆土减荷示意图

说明

1. 轻质泡沫混凝土填充分区示意见图（a）；轻质泡沫混凝土覆土减荷示意见图（b）；
2. 轻质泡沫混凝土浇筑前，根据施工现场边界条件，先进行浇筑区、浇筑层划分，划分应符合以下要求：
(1) 单个浇筑区顶面面积最大不应超过 400m²；
(2) 单个浇筑区长轴方向长度不宜超过 15m；
(3) 相邻浇筑区用 10～20mm 厚的夹板支挡间隔分缝，夹板为临时支挡模板并兼做变形缝填充，不得抽掉；
(4) 单层浇筑层的厚度宜控制在 0.3～1m 的范围，单浇筑区宜在 2h 内一次性浇筑完成，最长不得超过 4h。

| 图名 | 现浇轻质泡沫混凝土相关技术资料（三） | 图号 | FS5-2（三） |

5.3 金雨伞CPS反应粘湿铺防水卷材

5.3.1 产品简介

金雨伞CPS反应粘防水卷材是基于CPS反应粘专利技术研发的一款专门针对混凝土密封防水的产品，它能跟现浇混凝土或水泥浆起化学交联反应，并通过化学交联与物理卯榫的协同作用牢固粘结到混凝土基面，如图（a）所示。因其与基面反应粘结，形成界面密封层，能在混凝土上构筑一个类似由涂料层和卷材层复合一体的"二元"防水层结构，适应层开裂变形的影响，起到长久的防水效果。特别适用于基面潮湿潮汽、赶工期的城市轨道交通防水工程。

5.3.2 主要性能特点

1. 密封防水，不窜水：只要水泥固化，便能与混凝土反应粘结，长在一起，形成密封层，起到涂料防水盒卷材防水的双重功效。

2. 潮湿潮汽和施工：用水泥素浆做粘结层，对基面平整度要求不高，可省掉找平层，直接在潮湿无明水的混凝土基层上施工，工期快。

3. 湿铺法施工安全环保：施工过程中，不动用明火，不产生任何有毒气体，不对施工人员和环境产生危害，无安全隐患，健康环保。

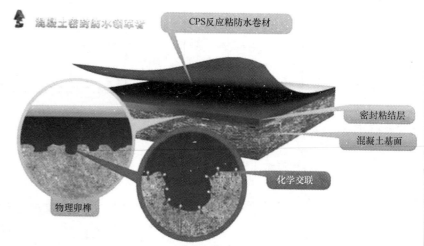

(a) CPS反应粘卷材与混凝土形成化学交联和物理卯榫协同作用示意图

注：本节根据广西金雨伞防水装饰有限公司提供的技术资料编制。

| 图名 | CPS反应粘湿铺防水卷材技术资料（一） | 图号 | FS5-3（一） |

5.3.3 施工工艺

1. 材料及工具准备

CPS反应粘防水卷材采用湿铺法施工，施工前需准备好防水主材、防水辅材、施工工具及安全防护工具。具体材料如表5.3-1所示。

CPS反应粘防水卷材施工材料及工具一览表　　表5.3-1

主材	金雨伞CPS反应粘结型防水卷材、金雨伞CPS节点密封膏
辅材	32.5或42.5普通硅酸盐水泥、水
工具	搅拌器、热风枪、辊筒、扫把、水桶、手套、墨斗、裁纸刀、卷尺、锤子、锥子、砖刀、铲子、毛刷、刮板、管箍、安全带、安全帽、搅拌桶等，高温天气时，请准备遮阳布

2. 卷材平面施工工艺

（1）CPS反应粘防水卷材平面施工工艺流程主要包括：基层处理—节点密封加强处理—大面积铺贴卷材—养护。

（2）施工步骤

1) 基面清理、润湿。将基面上的垃圾、浮浆清理干净。基面干燥时应浇水润湿，但不得有明水。

2) 细部节点密封加强处理。对管根边、阴阳角、变形缝等节点部位做300~500mm宽卷材加强层和CPS节点密封胶密封处理，如图（a）所示

(a) 卷材细部节点加强处理

3) 卷材铺贴基准线，如图（b）所示。

(b) 卷材铺贴基准线

4) 配制水泥素浆。按水泥：水＝2：1的重量配制水泥素浆，先将水倒入拌浆桶，再将水泥放入水中浸泡15~20min，充分浸透后，把多余的水倒掉，用电动搅拌机搅拌不少于5min。

图名	CPS反应粘湿铺防水卷材技术资料（二）	图号	FS5-3（二）

5) 卷材试铺。将卷材摊开并调整对齐基准线，以保证卷材铺贴平直，搭接边宽度可靠。

6) 撕卷材底部隔离膜。试铺完毕后，将卷材一端抬起，对折翻到另一端。用裁刀在卷材对折处划开隔离膜，接着撕剥卷材隔离膜。见图（a）。

(a) 撕剥隔离膜

7) 铺贴卷材，赶压排气。先刮涂水泥素浆，基面刮一遍，卷材刮一遍，然后将涂满水泥素浆的卷材一端抬起回翻铺贴，赶压排气、封边。见图（b）。

(b) 铺贴卷材、赶压排气

8) 铺贴下一幅卷材。将卷材对齐基准线，保证卷材搭接宽度可靠，搭接宽度≥80mm，卷材长边搭接采用把上下层卷材搭接处隔离膜撕掉，刮涂水泥素浆铺贴接边；卷材短边采用胶粘带进行搭接。见图（c）。

(c) 卷材搭接处理

9) 养护。防水层铺贴好后，晾放24~48h，一般情况下环境温度越高所需时间越短。高温天气防水层暴晒时，可用遮阳布遮盖，见图（d）。

(d) 卷材养护

| 图名 | CPS反应粘湿铺防水卷材技术资料（三） | 图号 | FS5-3（三） |

3.卷材立面施工工艺

（1）CPS反应粘防水卷材立面施工工艺流程主要包括：基层处理—节点密封加强处理—立面铺贴卷材—养护。

（2）施工步骤

1）基面清理、润湿。见图（a）。

(a) 基面清理

2）施工缝加强处理及立面与底板接槎处理，如图（b）、图（c）所示。

(b) 施工缝加强处理

(c) 底板接槎处理

3）铺贴基定位及卷材量取。根据施工现场状况，按照"搭接边不小于80mm的原则，进行合理定位，确定卷材铺贴方向，做好定位标记。并量取立面高度，裁剪合适卷材长度。如图（d）所示。

(d) 卷材铺贴定位

| 图名 | CPS反应粘湿铺防水卷材技术资料（四） | 图号 | FS5-3（四） |

4）涂刮水泥素浆。撕开卷材隔离膜，分别在立面基面及卷材粘结面涂刮水泥素浆，涂刮厚度及要求与平面做法相同。

5）立面铺贴卷材。将涂满水泥素浆的卷材折叠后，将其抬至脚手架上，轻轻将卷材一端放下，脚手架上施工人员按定位标记将卷材铺贴与立墙上。如图（a）所示。

(a) 铺贴立面卷材

6）赶压排气、封边。用刮板从卷材中间向两侧排气，使卷材充分满粘与基面上，最后将刮压排出的水泥素浆回刮收头密封。见图（b）

(b) 赶压排气

7）铺贴下一幅卷材。在前一副卷材的长边上量取不少于80mm的搭接边，划开隔离膜并撕掉，刮涂水泥素浆、铺贴。见图（c），图（d）。

(c) 剥除搭接边隔离膜

(d) 刮涂水泥素浆

8）养护。防水层铺贴好后，晾放24～48h，一般情况下环境温度越高所需时间越短。高温天气防水层暴晒时，可用遮阳布遮盖。

| 图名 | CPS反应粘湿铺防水卷材技术资料（五） | 图号 | FS5-3（五） |

4. 施工注意事项及常见问题解决

（1）施工注意事项

1）天气因素注意事项：

① 雨天、雪天或五级风以上时禁止施工；

② 环境温度低于5℃时不宜施工；

③ 若施工途中下雨、下雪，应做好已铺卷材周边的防护工作；

④ 在气温高、基面干燥时，加入水泥用量约5％的聚合物建筑胶作保水剂；

2）卷材搭接注意事项

① 地下工程卷材搭接宽度不小于80mm；

② 相邻两排卷材的短边搭接缝应错开500mm以上，上下层卷材长边搭接缝应错开幅宽的1/3以上。

3）成品保护注意事项

① 施工完成后48h内，水泥素浆未固化前，防水层禁止上人踩踏；

② 防水层施工完毕后应尽快组织验收，及时隐蔽，不宜长时间暴晒；

③ 卷材铺贴完成后应做保护层，防水层在做保护层前，不得在防水层上进行其他施工作业或直接堆放物品；

④ 现场施工人员必须穿软平底鞋，不得穿钉鞋，以免损伤卷材和影响表面施工质量。

⑤ 防水层后续施工，如不慎破坏防水层，应及时报请防水施工单位进行修补。

（2）CPS反应粘卷材常见问题解决，见表5.3-1。

卷材施工中的常见问题及解决方法　　表5.3-1

步骤	质量要求	出现问题	解决方法
清理基层	平整度误差不超过5mm，无起砂现象，保持湿润，无灰尘及尖锐凸物	1. 有砂眼孔洞，平整度差； 2. 基面干燥	1. 用水泥砂浆修补砂眼孔洞，使基面平整； 2. 基层表面浇水润湿数遍，浇湿润为准
细部处理	阴阳角等做加强处理	转角处卷材不易服贴，易空鼓	1. 水泥砂浆对阴阳角进行圆弧倒角处理，阴角半径不小于50mm，阳角半径不小于20mm； 2. 阴阳角水泥素浆适当加厚，以2~3mm为宜
涂刮水泥素浆	最薄处不低于1.5mm，最厚处不大于10mm，均匀、平整	1. 涂刮不均匀，不平整，出现小凹凸坑状； 2. 素浆涂刮上去立即干燥	1. 基层多次浇水润湿； 2. 水泥素浆涂刮后用辊筒来回滚压基本平整； 3. 水泥素浆调配添加适量聚合物建筑胶保水剂
铺贴卷材	平整不起皱，不起泡、不空鼓。搭接宽度不小于80mm	1. 大面积出现空鼓、气泡； 2. 搭接不够，水泥素浆厚度不够； 3. 粘结不牢固	1. 采用刮板二次赶压，完全排出底部空气； 2. 铺贴好的卷材未固化前，禁止踩踏，48h内应防止暴晒，用遮阳布或其他物品遮盖； 3. 适当加厚搭接处水泥素浆厚度； 4. 卷材底部粘结面涂刮水泥素浆均匀

图名	CPS反应粘湿铺防水卷材技术资料（六）	图号	FS5-3（六）

5.3.4 验收方法

CPS反应粘防水卷材工程质量验收，应在施工完毕7天左右，确认水泥粘结层充分固化后，采取以下步骤验收：

（1）大面积防水层验收，采用"一剥二划三撕"的方式验收，即：1）剥一剥，从防水层边角剥，防水层粘结牢固，有跟混凝土长在一起的密封层；2）划一划，用刀从防水层中间划开；3）撕一撕，从划开的地方进行撕剥，防水层很难撕烂，剥开后仍有密封层。达到这种效果后，防水层才是合格的。见图（a）。

（2）细部节点防水验收

检查所有的细部节点是否采用密封胶进行了密封处理，若节点密封处粘结牢固，则卷材节点防水方为合格。

（3）CPS反应粘防水卷材工程质量验收除完成上述步骤外，还应符合国家现行有规范、标准和有关技术法规文件的规定。

 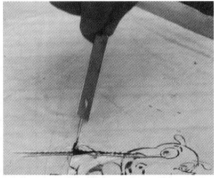 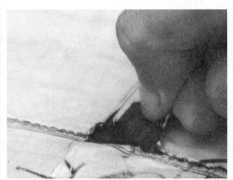

剥一剥　　　　　　　　　划一划　　　　　　　　　撕一撕

(a) 大面积防水层验收方法

图名	CPS反应粘湿铺防水卷材技术资料（七）	图号	FS5-3（七）

5.4 BST非固化橡胶沥青防水涂料

5.4.1 产品简介

BST非固化橡胶沥青防水涂料主要原材料为多种高分子聚合物。其核心技术为特殊添加剂，该添加剂在生产过程中起到积极的催化作用，使沥青与各种高分子聚合物之间形成稳定的化学结合，这种化学结合使高分子聚合物与沥青能在最稳定的状态下将各自性能发挥极致，提高了非固化防水涂料稳定性及耐久性，确保了产品质量。

该涂料施工快速简单，一次喷涂即可达到设计厚度，即刻与基层微观满粘，封堵结构表面的毛细孔及细微裂缝，实现皮肤式防水。

5.4.2 主要性能特点

BST非固化橡胶沥青防水涂料主要具有8大优势：1）不窜水性；2）自愈性；3）蠕变性，适应变形能力强；4）潮湿基面粘结性；5）施工便捷、快速；6）紧密粘合性；7）安全环保；8）永不固化，耐久性高。

5.4.3 施工工艺

1. BST非固化橡胶沥青防水涂料施工工艺流程如图（a）所示。

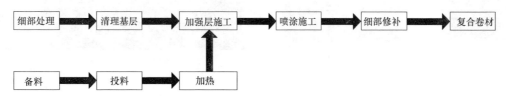

(a) 非固化橡胶沥青防水涂料施工流程图

(a) 细部处理

(b) 清理基层

(c) 加强层施工

(d) 喷涂施工

注：本节根据北京蓝翎环科技术有限公司提供的技术资料编制。

| 图名 | 非固化橡胶沥青防水涂料技术资料（一） | 图号 | FS5-4（一） |

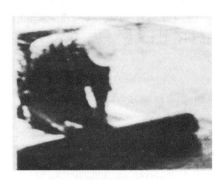   

(e) 复合卷材　　　　　(f) 备料　　　　　(g) 投料　　　　　(h) 加热

说明

非固化橡胶沥青防水涂料细部处理见图(a)；清理基层见图(b)；加强层施工见图(c)；喷涂施工见图(d)；复合卷材见图(e)；备料见图(f)；投料见图(g)；加热见图(h)

2. 施工注意事项

(1) 施工前，修补表面疏松部位、孔洞、裂缝等缺陷，达到表面平整坚实。

(2) 基层上的水泥硬块、突出物和杂物等要尽量清理干净，可使用吹尘器进行清理。

(3) 表面积水要清除，但潮湿基层不影响施工。对于施工环境温度没有苛刻要求。

(4) 在做基层清理的同时，可进行材料的准备及设备预热。

(5) 喷涂管道也需要加热，以避免管道堵塞。

(6) 先做细部和加强层，在做大面积喷涂施工。喷涂一定面积后，开始铺贴复合防水卷材。

(7) 喷涂施工完成后，要将喷涂管道和喷枪内的剩余材料喷出，以备下次使用。

(8) 当施工现场条件不具备喷涂施工时，可将材料加热到适当的温度后，进行涂抹施工。

| 图名 | 非固化橡胶沥青防水涂料技术资料（二） | 图号 | FS5-4（二） |

5.5 反应性丁基橡胶腻子钢板止水带

5.5.1 产品简介

反应性丁基橡胶腻子钢板止水带是由镀锌钢板与经特殊处理的丁基橡胶复合而成的止水带，其最大特点是外覆丁基橡胶腻子能与现浇混凝土发生化学反应，从而使其能与混凝土粘结。丁基橡胶在经过特殊处理过程中生成活性基，而混凝土砂浆中富含金属离子，丁基橡胶中的活性基与现浇混凝土中的金属离子发生反应而使二者结合为一体。

5.5.2 主要性能特点

（1）丁基橡胶的固含量97％以上；（2）具有良好的缓冲性；（3）有良好的低温柔度（零下40℃），便于冬季施工；（4）良好的耐候性、耐碱性、耐水性；（5）良好的粘结性，便于施工；（6）施工后材料的粘结性及柔软性不受任何影响；（7）内有镀锌钢板，不受混凝土压力而变形；（8）现浇混凝土进行水化反应时与丁基橡胶发生离子反应，结合紧密。

5.5.3 材料型号及规格，见表5.5-1。

反应性丁基橡胶腻子钢板止水带主要规格   表5.5-1

品名	形状	型号	尺寸(mm) 厚×宽×长	重量 (kg/m)	用途
中埋式反应性丁基橡胶腻子钢片式止水带	隔离膜 / 镀锌钢板(0.4) / 丁基橡胶	W-0410-PP	4×100×5100	0.73	一般用（标准）
		W-0415-PP	4×150×5100	1.1	
		W-0420-PP	4×200×5100	1.46	
		W-0610-PP	6×100×5100	1.1	
		W-0615-PP	6×150×5100	1.7	
		W-0620-PP	6×200×5100	2.2	
		W-0630-PP	6×300×5100	3.3	
		W-1010-PP	10×100×5100	1.7	
		W-1015-PP	10×150×5100	2.6	
		W-1020-PP	10×200×5100	3.5	

注：本节根据吉田建设（天津）科技发展有限公司提供的技术资料编制。

图名	反应性丁基橡胶腻子钢板止水带技术资料（一）	图号	FS5-5（一）

5.5.4 施工工艺
1. 揭起搭接部位的保护膜,用手按压(搭接100mm以上),见图(a)。

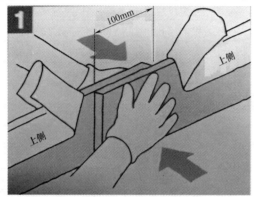

(a) 揭起搭接部位保护膜,用手按压

2. 上侧保护膜复位,见图(b)。

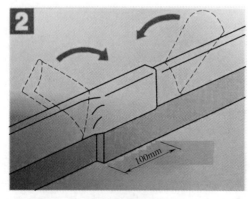

(b) 上侧保护膜复位

3. 用铁丝将止水带在混凝土浇筑面以上临时固定,见图(c)。

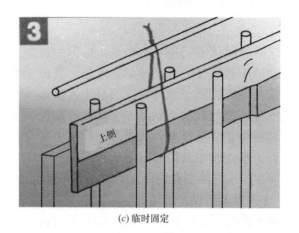

(c) 临时固定

4. 混凝土浇筑完毕,找平前,将止水带插入混凝土中,见图(d)。

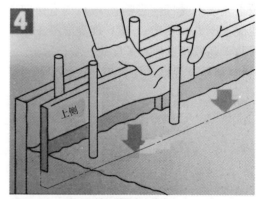

(d) 插入混凝土中固定

| 图名 | 反应性丁基橡胶腻子钢板止水带技术资料(二) | 图号 | FS5-5(二) |

5. 插入深度为止水带宽度的1/3到1/2部位。见图（a）。

7. 反应性丁基橡胶钢板腻子止水带现场施工照片见图（c）、图（d）。

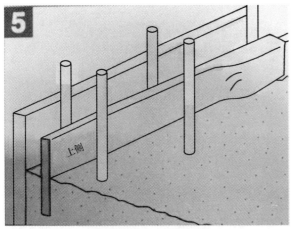

(a) 止水带插入1/3到1/2深度

6. 在后续混凝土浇筑前，将上侧的保护膜撕去，见图（b）。

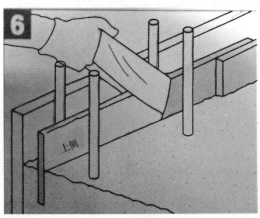

(b) 撕去上侧保护膜

(c) 止水带现场施工照片(一)

(d) 止水带现场施工照片(二)

| 图名 | 反应性丁基橡胶腻子钢板止水带技术资料（三） | 图号 | FS5-5（三） |

6 城市轨道交通地下结构防水工程实例

6.1 上海轨道交通17号线工程

1. 工程概况

上海轨道交通17号线为上海市十二五期间规划建设的一条重要轨道交通线，东起虹桥火车站，沿崧泽大道南侧平行西行跨越G15沈海高速公路后接转沿盈港东路、盈港路西进青浦城区、淀山湖新城。进入朱家角地区后走向沿318国道南侧平行至东方绿舟，全程35.3km，共设13站，其中地下车站7座：虹桥火车站站为既有车站改造，土建已完成，蟠龙路站、中国博览会北站、漕盈路站为复合衬砌车站，淀山湖大道站、青浦站、汇金路站为叠合衬砌车站。采用地下连续墙作围护结构。区间以盾构法为主。

17号线运营线路示意图如图（a）所示。

(a) 上海地铁17号线运营线路示意图

| 图名 | 上海轨道交通17号线（一） | 图号 | FS6-1（一） |

2. 防水设计方案

上海轨道交通 17 号线地下车站防水设计方案见表 6.1-1；盾构区间防水设计方案见表 6.1-2。

地下车站防水设计方案　　表 6.1-1

结构部位		防水设计方案
现浇混凝土		防水混凝土,抗渗等级≥P8
施工缝	横向垂直	钢边橡胶止水带+遇水膨胀止水胶
	纵向水平	镀锌钢板止水带+遇水膨胀止水胶
	新老结构接口	全断面出浆的注浆管+遇水膨胀止水胶
诱导缝		钢边橡胶止水带+外贴式橡胶止水带(顶板为嵌缝)
变形缝	方案一	钢边橡胶止水带+外贴式橡胶止水带(顶板为嵌缝)+背水面嵌缝
	方案二	钢边橡胶止水带+防水密封带+背水面嵌缝
防水层	顶板	聚氨酯防水涂料或聚合物水泥防水涂料
	侧墙	复合衬砌车站:预铺防水卷材P类;叠合衬砌车站:不设防水层
	底板	复合衬砌车站:预铺防水卷材P类;叠合衬砌车站:不设防水层

盾构区间防水设计方案　　表 6.1-2

结构部位		防水设计方案
管片		防水混凝土,抗渗等级≥P10
环、纵缝		三元乙丙橡胶弹性密封垫+遇水膨胀橡胶挡水条
嵌缝		进出洞各20环、联络通道钢管片衬砌中心环缝前后各5环作整环环、纵缝嵌缝,变形缝作整环嵌缝,嵌缝材料为高模量聚氨酯密封胶。其余范围区间隧道拱底块环、纵缝进行嵌缝,嵌缝材质为聚合物水泥砂浆
螺栓孔		遇水膨胀橡胶圈
手孔	上半环	塑料保护罩内填充丙烯酸乳液防腐蚀水泥砂浆
	下半环	直接填充丙烯酸乳液防腐蚀水泥砂浆
进出洞	临时接头	设置铰链式出洞装置临时止水
	永久接头	后浇环梁两侧施工缝采用全断面出浆的注浆管+遇水膨胀止水胶
联络通道	方案一	ECB塑料防水板+分区注浆系统
	方案二	聚合物水泥砂浆+水泥基渗透结晶型涂料(当结构位于砂性土层时采用)

| 图名 | 上海轨道交通 17 号线（二） | 图号 | FS6-1（二） |

3. 部分防水节点构造

(1) 车站标准段防水构造见图（a），外防水层现场施工照片见图（b）、图（c）。

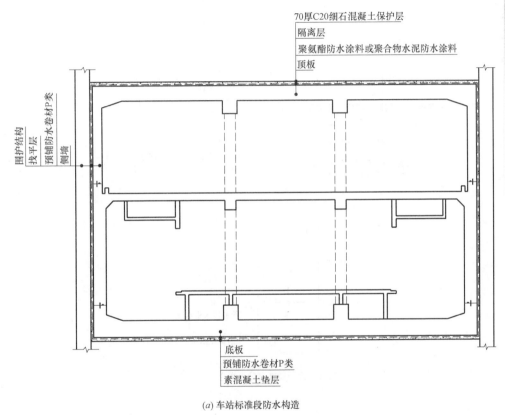

(a) 车站标准段防水构造

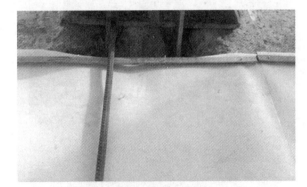

(b) 外包防水层现场施工照片(一)

(c) 外包防水层现场施工照片(二)

| 图名 | 上海轨道交通17号线（三） | 图号 | FS6-1（三） |

(2) 横向垂直施工缝防水构造见图（a），纵向水平施工缝防水构造见图（b），接缝防水现场施工照片见图（c）。

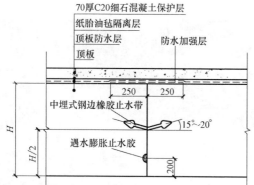

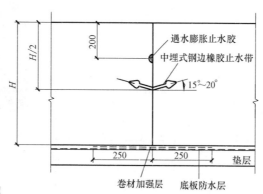

(a) 车站横向垂直施工缝防水构造(从左至右依次为顶板、底板、侧墙施工缝)

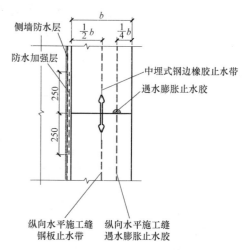

(c) 接缝防水现场施工照片

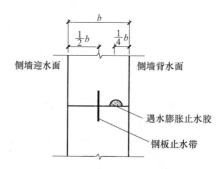

(b) 车站纵向水平施工缝防水构造

| 图名 | 上海轨道交通17号线（四） | 图号 | FS6-1（四） |

(3) 变形缝防水构造见图（a）；诱导缝防水构造见图（b）。

(a) 车站变形缝防水构造(从左至右依次为顶板、底板、侧墙变形缝)

(b) 车站诱导缝防水构造(从左至右依次为顶板、底板、侧墙诱导缝)

| 图名 | 上海轨道交通17号线（五） | 图号 | FS6-1（五） |

（4）降水井防水构造见图（a）；降水井现场施工照片见图（b）。

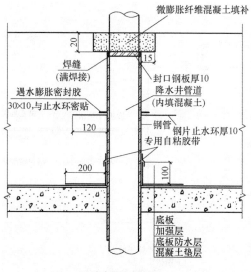

(a) 降水井防水构造

(b) 降水井防水现场施工照片

（5）抗拔桩防水构造见图（a）；抗拔桩现场施工照片见图（b）。

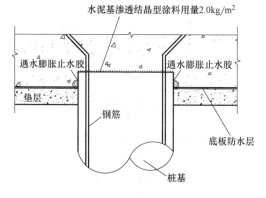

(a) 抗拔桩防水构造

(b) 抗拔桩防水现场施工照片

| 图名 | 上海轨道交通 17 号线（六） | 图号 | FS6-1（六） |

(6)出洞防水装置构造见图（a）；盾构进出洞预埋钢环现场照片见图（b）。

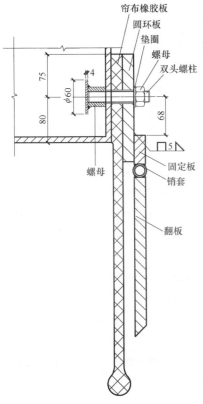

(a) 出洞防水装置构造

(b) 盾构进出洞预埋钢环现场照片

| 图名 | 上海轨道交通17号线（七） | 图号 | FS6-1（七） |

6.2 南宁轨道交通2号线工程

1. 工程概况

南宁轨道交通2号线是连接南北方向的骨干线，全线采用地下线的方式敷设。线路北起西津，南至玉洞后折向正东方向，东延伸16.3km后止于六晚。沿线经过安吉客运站、火车站、朝阳广场，江南客运站等大型客流集散点，线路（含延长线）总长37.5km，共设置地下车站26座。

2号线工程分为三期实施，其中一期工程为西津至玉洞段，线路总长21.2km，共设置车站18座，其中换乘站6座，地下三层站5座。其中玉洞至南宁剧场站（不含）、明秀路站（不含）至西津站（14站14区间），外加出入段线、安吉综合基地由中国建筑股份有限公司实施。

全线地下区间主要以盾构法施工为主，玉洞站站后折返段区间采用矿山法施工。

2. 防水设计方案

南宁轨道交通2号线明挖法车站、盾构法区间及矿山法区间防水设计方案见表6.2-1。

南宁轨道交通2号线防水设计方案　　　　表6.2-1

明挖法结构	附加防水层	顶板	2.5mm厚双组分聚氨酯涂料（非焦油）
		侧墙 复合式	沥青基聚酯胎预铺防水卷材或高分子预铺防水卷材
		侧墙 分离式	自粘聚合物改性沥青防水卷材
		底板	沥青基聚酯胎预铺防水卷材或高分子预铺防水卷材
	环向施工缝	防水等级一级	镀锌钢板止水带+可重复注浆的注浆管+水泥基渗透结晶材料
		防水等级二级	镀锌钢板止水带+水泥基渗透结晶材料
	水平施工缝	防水等级一级	镀锌钢板止水带+水泥基渗透结晶材料
		防水等级二级	镀锌钢板止水带+水泥基渗透结晶材料
	变形缝	顶板	中埋式钢边橡胶止水带+防水嵌缝材料+不锈钢接水槽
		侧墙	中埋式钢边橡胶止水带+防水嵌缝材料+外贴止水带+不锈钢接水槽
		底板	中埋式钢边橡胶止水带+防水嵌缝材料+外贴式止水带
	后浇带		2道缓膨型遇水膨胀止水胶+可重复注浆的注浆管
浅埋暗挖法结构	附加防水层		1.5mm厚PVC防水板
	环向施工缝		镀锌钢板止水带+可重复注浆的注浆管
	水平施工缝		镀锌钢板止水带
	变形缝		外贴式止水带+中埋式钢边橡胶止水带+密封胶+接水槽
盾构法隧道	管片密封垫		三元乙丙橡胶
	螺栓孔密封垫		遇水膨胀橡胶片
	环缝和纵缝		环缝与纵缝传力衬垫
	洞口帘布橡胶板		帘布橡胶板由模具分块压制，然后连接成一整块
	附加防水		在中等或强腐蚀环境中，管片外涂刷高渗透改性环氧涂料

图名	南宁轨道交通2号线（一）	图号	FS6-2（一）

3. 部分防水节点构造

(1) 车站标准段防水构造见图（a）；车站外防水层现场施工照片见图（b）、图（c）。

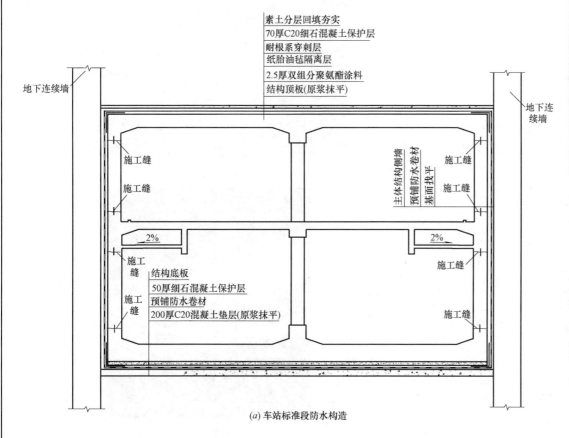

(a) 车站标准段防水构造

(b) 车站涂料防水层施工现场照片

(c) 车站卷材防水层施工现场照片

图名	南宁轨道交通2号线（二）	图号	FS6-2（二）

(2) 车站施工缝防水构造见图（a），钢板止水带连接构造见图（b），钢板止水带现场施工照片见图（c）、图（d）。

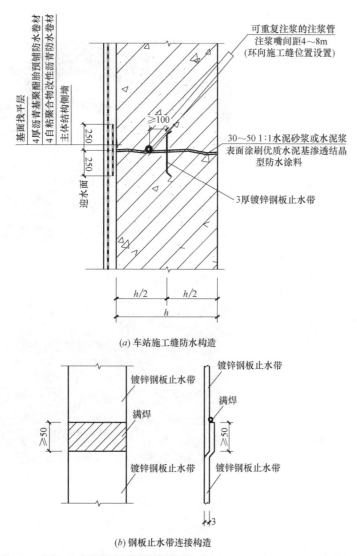

(a) 车站施工缝防水构造

(b) 钢板止水带连接构造

(c) 钢板止水带现场施工照片(一)

(d) 钢板止水带现场施工照片(二)

| 图名 | 南宁轨道交通2号线（三） | 图号 | FS6-2（三） |

(3) 侧墙与顶板转角处防水层过渡构造见图（a），侧墙与顶板转角处防水层过渡现场照片见图（b）。

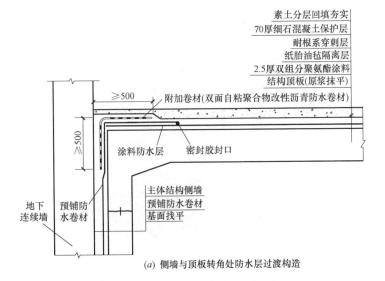

（a）侧墙与顶板转角处防水层过渡构造

（b）侧墙与顶板转角处防水层过渡现场照片

(4) 结构阴阳角防水构造见图（c），阴阳角现场处理照片见图（d）。

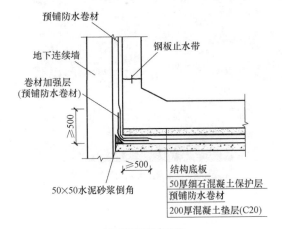

（c）阴阳角防水构造

（d）阴阳角现场处理照片

图名	南宁轨道交通2号线（四）	图号	FS6-2（四）

(5) 降水井防水构造见图 (a)，降水井防水现场施工照片见图 (b)；接地电极防水构造见图 (c)，接地电极防水现场施工照片见图 (d)。

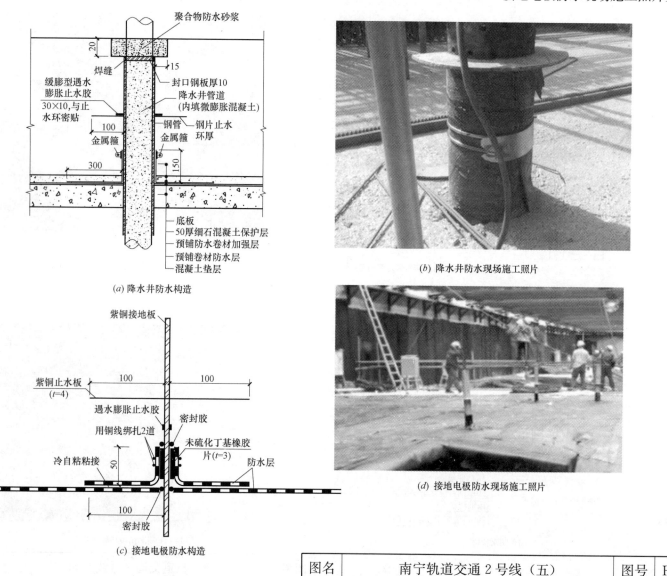

(a) 降水井防水构造

(b) 降水井防水现场施工照片

(c) 接地电极防水构造

(d) 接地电极防水现场施工照片

| 图名 | 南宁轨道交通2号线（五） | 图号 | FS6-2（五） |

(6) 矿山法区间标准段防水构造见图（a），矿山法区间土工布缓冲层现场施工照片见图（b），矿山法区防水层现场施工照片见图（c）。

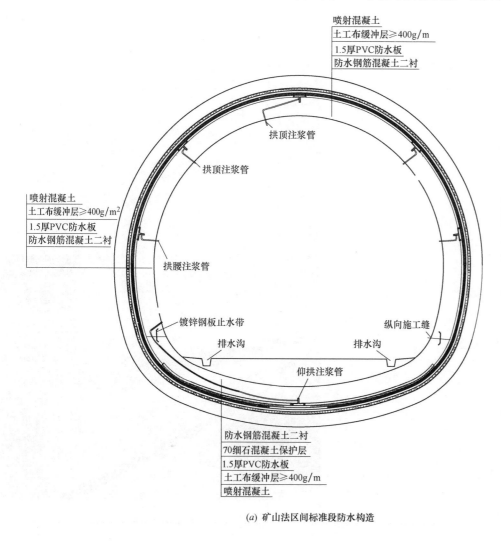

(a) 矿山法区间标准段防水构造

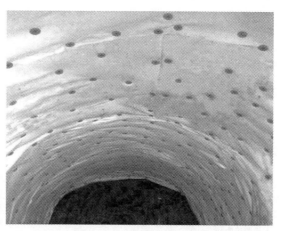

(b) 矿山法区间土工布现场施工照片

(c) 矿山法区间防水板现场施工照片

图名	南宁轨道交通 2 号线（六）	图号	FS6-2（六）

（7）盾构法区间管片接缝防水构造见图（a）；盾构法区间管片接缝防水现场照片见图（b）。

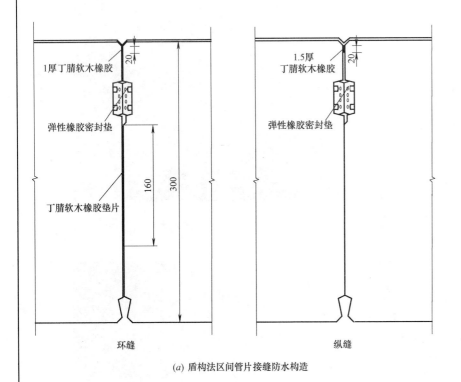

(a) 盾构法区间管片接缝防水构造

(b) 盾构法区间管片接缝防水现场照片

| 图名 | 南宁轨道交通 2 号线（七） | 图号 | FS6-2（七） |

（8）出洞防水装置构造见图（a）；出洞防水装置现场照片见图（b）。

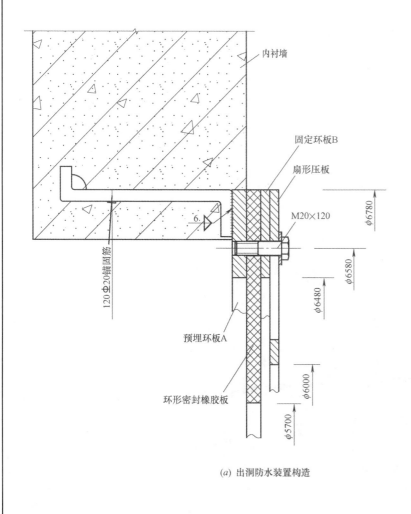

(a) 出洞防水装置构造

(b) 出洞防水装置现场照片

| 图名 | 南宁轨道交通2号线（八） | 图号 | FS6-2（八） |

6.3 南昌轨道交通1号线工程

1. 工程概况

南昌轨道交通1号线一期工程连接蛟桥经济技术开发区、红谷滩新区、东湖区、青山湖区、高新区，起讫站分别为双港站和瑶湖西站。全长28.843km，共24个车站，均为地下站，施工工法车站采用明挖，区间以盾构法为主。

南昌轨道交通1号线运营线路示意图如图（a）所示。

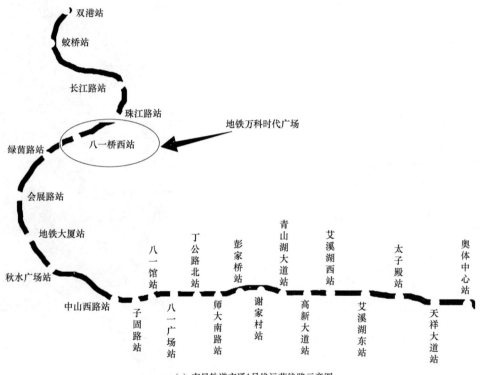

(a) 南昌轨道交通1号线运营线路示意图

| 图名 | 南昌轨道交通1号线（一） | 图号 | FS6-3（一） |

2. 防水设计方案

南昌轨道交通1号线车站及区间防水设计方案见表6.3-1。

南昌轨道交通1号线防水设计方案　　　　　　　　表6.3-1

明挖法结构	附加防水层	顶板	2.5kg/m² 橡化沥青非固化防水涂料或1.5mm喷涂聚脲防水涂料或2.5mm单组分聚氨酯防水涂料
		侧墙、底板	1.5mm预铺防水卷材P类或4mm预铺防水卷材PY类
	施工缝	横向	止水胶＋注浆管（后变更为钢板止水带＋外贴式止水带）
		纵向	止水胶＋注浆管（后变更为钢板止水带＋外贴式止水带）
	诱导缝	顶板	迎水面嵌缝＋钢边橡胶止水带,顶板设接水槽
		侧墙、底板	外贴式止水带＋钢边橡胶止水带
	变形缝	顶板	迎水面嵌缝＋钢边橡胶止水带＋背水面嵌缝,顶板、侧墙设接水盒
		侧墙、底板	外贴式止水带＋钢边橡胶止水带＋背水面嵌缝
	后浇带		遇水膨胀止水条＋全断面注浆管
盾构法隧道	手孔封堵		180°以下,道床混凝土以上范围内的手孔充填丙烯酸乳液防腐蚀砂浆；180°以上,采取塑料保护罩,保护罩内充填丙烯酸乳液防腐蚀砂浆。道床范围内的手孔不封堵
	嵌缝		一般嵌缝范围：拱顶45°,拱底86°；进、出洞各20环、联络通道钢管片衬砌中心环缝前后各5环作整环环、纵缝嵌缝,变形缝作整环嵌缝。拱顶及整环嵌缝处,采用单组分聚氨酯密封胶,拱底嵌缝采用聚合物水泥砂浆
	附加防水层		处于中等腐蚀以上的区间,管片外弧面涂布水泥基渗透结晶型防水涂料
	联络通道		1.5mm PVC防水板做外防水层。联络通道与区间接口处施工缝采用遇水膨胀止水条＋全断面注浆管

图名	南昌轨道交通1号线（二）	图号	FS6-3（二）

3. 部分防水节点构造

(1) 车站标准段防水构造见图（a），车站外防水层现场施工照片见图（b）。

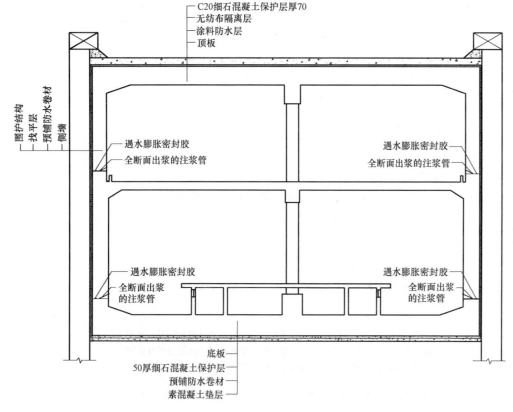

(a) 车站标准段防水构造

(b) 车站外防水层现场施工照片

| 图名 | 南昌轨道交通1号线（三） | 图号 | FS6-3（三） |

(2) 施工缝防水构造见图（a），施工缝防水现场施工照片见图（b）、图（c）。

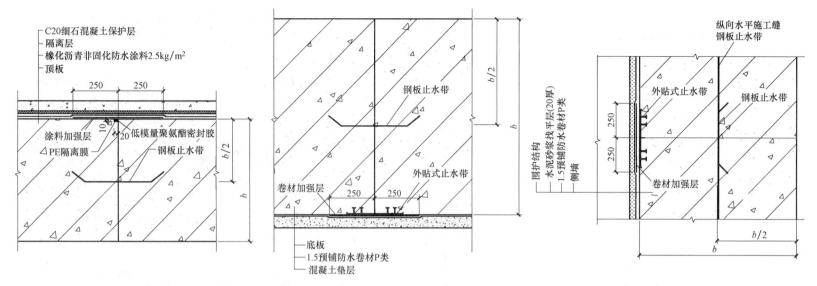

(a) 车站施工缝防水构造(从左至右依次为顶板、底板、侧墙施工缝)

(b) 车站施工缝防水现场施工照片(一)

(c) 车站施工缝防水现场施工照片(二)

图名	南昌轨道交通1号线（四）	图号	FS6-3（四）

(3) 区间管片接缝防水构造见图（a）；管片接缝密封垫现场照片见图（b）；接缝传力衬垫现场照片见图（c）。

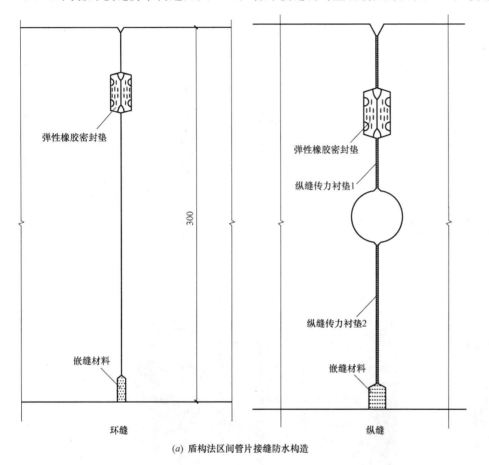

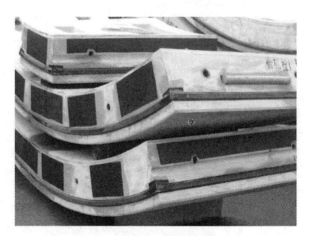

(b) 管片接缝密封垫现场照片

(c) 接缝传力衬垫现场照片

| 图名 | 南昌轨道交通1号线（五） | 图号 | FS6-3（五） |

（4）出洞防水装置构造见图（a）；出洞防水装置现场照片见图（b）。

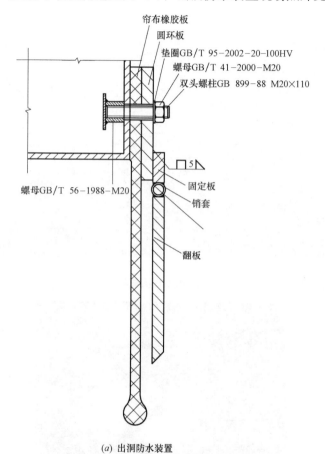

(a) 出洞防水装置

(b) 出洞防水装置现场照片

| 图名 | 南昌轨道交通1号线（六） | 图号 | FS6-3（六） |

(5) 衬砌嵌缝防水构造见图（a），衬砌嵌缝防水现场施工照片见图（b）；上半环手孔塑料保护罩构造见图（c），塑料保护罩现场照片见图（d）。

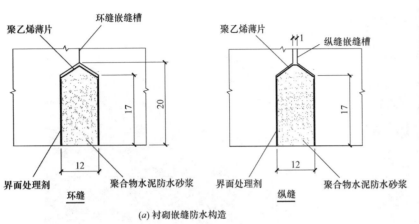

(a) 衬砌嵌缝防水构造

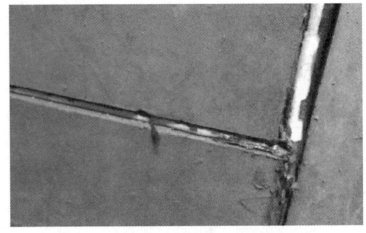

(b) 衬砌嵌缝现场照片

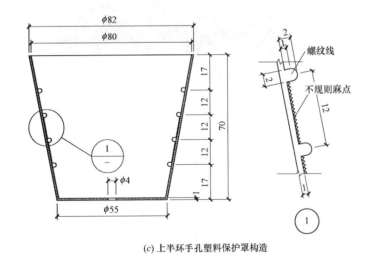

(c) 上半环手孔塑料保护罩构造

(d) 塑料保护罩现场照片

图名	南昌轨道交通1号线（七）	图号	FS6-3（七）

6.4 重庆轨道交通环线工程

1. 工程概况

重庆轨道交通环线作为重庆市轨道交通线网的重要组成部分,具有连接功能,是线网中的骨干线路。

环线一期工程起点为重庆西站,线路顺时针走行,经重庆西站、沙坪坝火车站、高家花园大桥南侧约350m处过嘉陵江、冉家坝、重庆北站、五里店、上新街至线路终点上浩站。线路全长约32.870km,设站22座,均为地下车站。环线一期工程除利用高家花园大桥及朝天门大桥下层轨道交通专用层上跨嘉陵江及长江外,其余均为地下线路,地下线路长约30.190km,高架线路(含过江大桥)长约2.381km,敞开段及路基段长约0.299km。

环线二期工程起点为上浩站,线路顺时针走行,经海棠溪、罗家坝、四公里、大石路、鹅公岩大桥南侧轨道专用桥过长江、谢家湾、奥体中心、陈家坪、二郎、华龙大道至线路终点重庆西站。线路全长约18.333km,设站11座,其中地下车站6座,半地下车站2座,高架车站3座。二期工程线路敷设方式基本以地下线路为主,在线路起点~四公里站区间及鹅公岩轨道交通专用桥上跨长江段为高架敷设,在南湖~海峡路区间受地形控制采取路堑式敷设,其余均为地下线路,地下线路长约13.103km,敞开段及路堑式线路长约0.813km,高架线路(含过江大桥)长约4.417km。

2. 防水设计方案

(1)地下车站防水设计方案见表6.4-1。

地下车站防水设计方案　　表6.4-1

施工工法	结构部位		防水设计方案
明挖车站	现浇混凝土		防水混凝土,抗渗等级≥P8
	施工缝	横向垂直	钢边橡胶止水带+遇水膨胀止水胶
		纵向水平	镀锌钢板止水带+遇水膨胀止水胶
		新老结构接口	全断面出浆的注浆管+遇水膨胀止水胶
	变形缝		钢边橡胶止水带+外贴式橡胶止水带(顶板为嵌缝)+背水面嵌缝
	防水层	顶板	聚氨酯防水涂料
		侧墙	预铺防水卷材P类
		底板	预铺防水卷材P类
暗挖车站	现浇混凝土		P12防水混凝土
	施工缝	环向	钢边橡胶止水带+遇水膨胀止水胶
		纵向	镀锌钢板止水带+遇水膨胀止水胶
		新老结构接口	全断面出浆的注浆管+遇水膨胀止水胶
	变形缝		钢边橡胶止水带+外贴式橡胶止水带+背水面嵌缝
	防水层		预铺防水卷材P类+无纺布缓冲层
	车站排水		在初衬与防水层之间设置环、纵向软式透水管

图名	重庆轨道交通环线(一)	图号	FS6-4(一)

(2) 复合 TBM 区间防水设计方案见表 6.4-2；明挖区间及矿山法区间防水设计方案参照明挖车站及矿山法车站。

复合 TBM 区间防水设计方案 表 6.4-2

结构部位		防水设计方案
管片		防水混凝土，抗渗等级≥P10
环、纵缝		三元乙丙橡胶弹性密封垫＋遇水膨胀橡胶挡水条
嵌缝		进出洞各 20 环、联络通道钢管片衬砌中心环缝前后各 5 环作整环环、纵缝嵌缝，变形缝作整环嵌缝，其余范围拱顶 45°及拱底 86°范围进行嵌缝。拱顶及整环嵌缝材料采用高模量聚氨酯密封胶，拱底 86°范围嵌缝材料采用聚合物水泥砂浆
螺栓孔		遇水膨胀橡胶圈
手孔	上半环	塑料保护罩内填充硫铝酸盐超早强(微膨胀)水泥
	下半环	直接填充硫铝酸盐超早强(微膨胀)水泥
进出洞	临时接头	设置帘布橡胶板临时止水
	永久接头	后浇环梁两侧施工缝采用全断面出浆的注浆管＋遇水膨胀止水胶
联络通道		预铺防水卷材 P 类＋无纺布缓冲层

3. 部分防水节点构造

(1) 明挖车站标准段防水构造见图 (a)，车站外防水层现场施工照片见图 (b)。

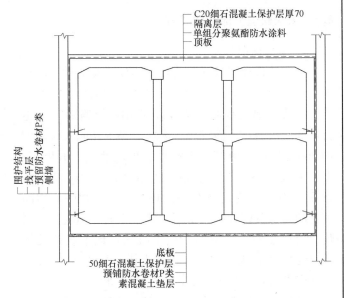

(a) 明挖车站标准段防水构造

(b) 明挖车站外防水层现场施工照片

| 图名 | 重庆轨道交通环线（二） | 图号 | FS6-4（二） |

(2)暗挖车站标准段防水构造见图(a),车站外防水层现场施工照片见图(b)。

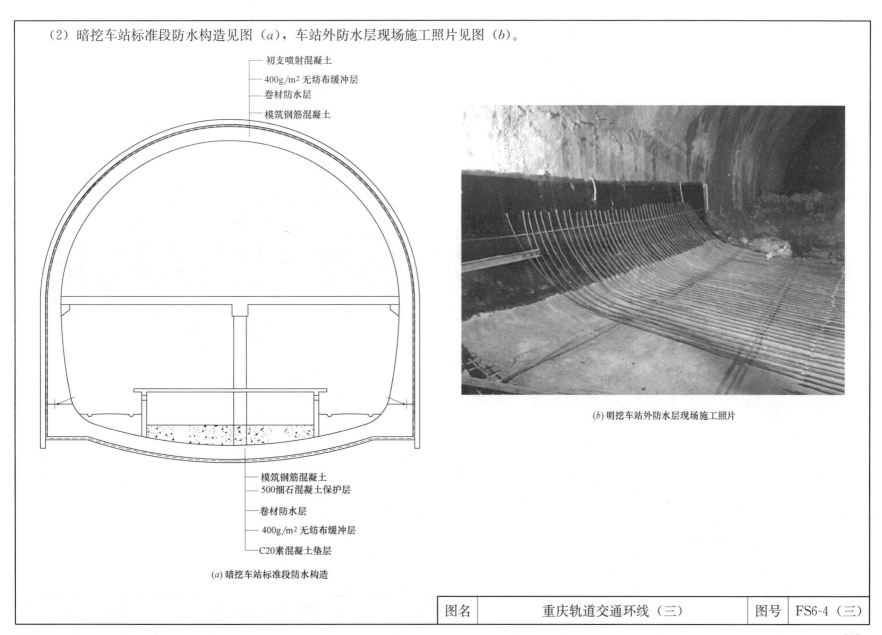

(a) 暗挖车站标准段防水构造

(b) 明挖车站外防水层现场施工照片

| 图名 | 重庆轨道交通环线（三） | 图号 | FS6-4（三） |

(3) 暗挖区间标准段防水构造见图（a），暗挖区间外防水层现场施工照片见图（b）。

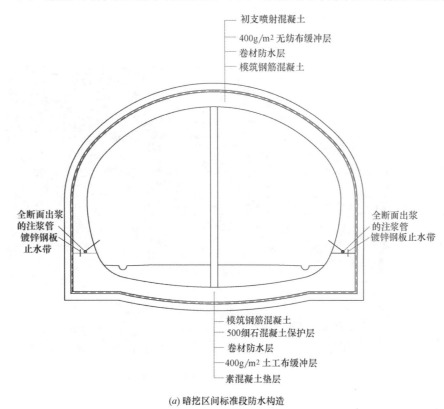

(b) 暗挖区间外防水层现场施工照片

(a) 暗挖区间标准段防水构造

| 图名 | 重庆轨道交通环线（四） | 图号 | FS6-4（四） |

（4）车站施工缝防水构造见图（a），环向施工缝现场防水施工照片见图（b），纵向施工缝现场防水施工照片见图（c）。

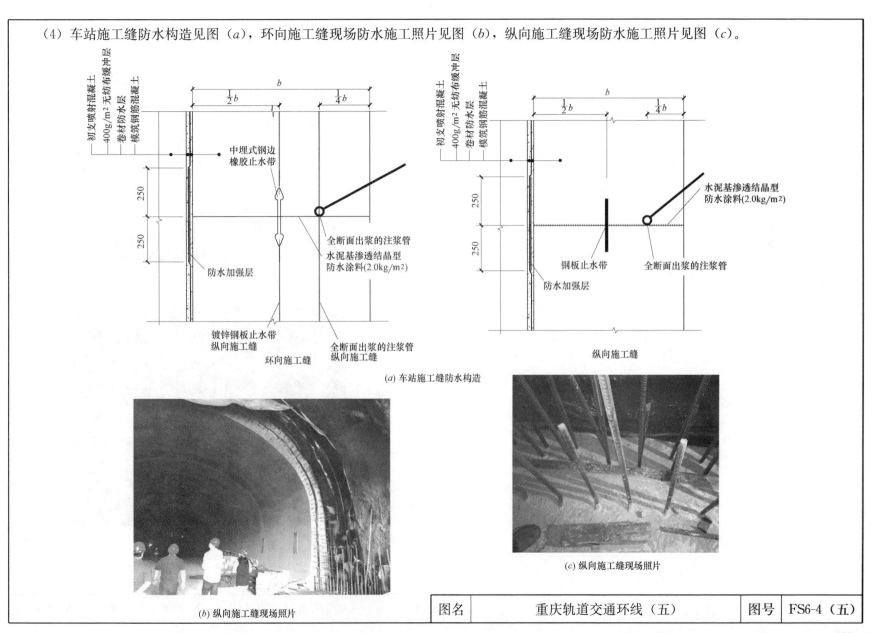

(5) 软式透水管及横向排水管构造见图（a），软式透水管现场照片见图（b），横向排水管现场照片见图（c）。

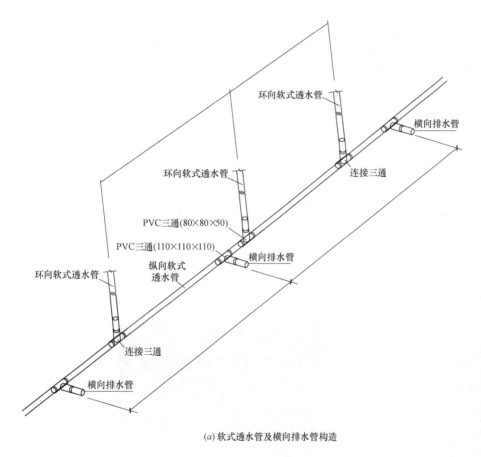

(a) 软式透水管及横向排水管构造

(b) 软式透水管现场照片

(c) 横向排水管现场照片

图名	重庆轨道交通环线（六）	图号	FS6-4（六）

6.5 苏州轨道交通 4 号线工程

1. 工程概况

苏州轨道交通 4 号线呈南北走向，连接相城区、姑苏区、吴中区和吴江区，是苏州城市发展的一条骨干线路。

主线线路全程长约为 42.022km，北起相城区荷塘月色公园，南至吴江同津大道站，共设 31 座车站，全线地下敷设。支线线路全长约 19.2km，共设 7 座车站，均为地下站。

4 号线途经相城活力岛、平江新城、苏州火车站、北寺塔、观前商圈、南门商圈、吴中区中心城区、苏州太湖新城、吴江汽车客运站等重要地区，终点站与苏嘉城际铁路实现换乘。

全线地下车站均采用明挖法施工，地下区间以盾构法为主，元和停车场出入场线区间局部采用明挖法施工。

2. 防水设计方案

地下车站防水设计方案见表 6.5-1；盾构区间防水设计方案见表 6.5-2。

地下车站防水设计方案　　　　表 6.5-1

结构部位		防水设计方案
现浇混凝土		防水混凝土，抗渗等级≥P8
施工缝	横向垂直	钢板止水带
	纵向水平	钢板止水带
	新老结构接口	全断面出浆的注浆管＋双道遇水膨胀止水胶
诱导缝		钢边橡胶止水带＋外贴式橡胶止水带(顶板为嵌缝)
变形缝		钢边橡胶止水带＋背水面嵌缝＋接水盒
防水层	顶板	聚氨酯防水涂料或聚合物水泥防水涂料
	侧墙	自粘聚合物改性沥青防水卷材或高分子自粘胶膜防水卷材
	底板	自粘聚合物改性沥青防水卷材或高分子自粘胶膜防水卷材或膨润土防水毯

盾构区间防水设计方案　　　　表 6.5-2

结构部位		防水设计方案
管片		防水混凝土，抗渗等级≥P10
环、纵缝		复合式橡胶密封垫(三元乙丙橡胶表面复合遇水膨胀橡胶)
嵌缝		拱底 90°范围用聚合物水泥砂浆进行嵌缝；拱顶可不嵌缝，若接缝有渗水，则应在进行堵漏处理，确保基面干燥后，拱顶 45°范围采用聚硫密封胶进行嵌缝
螺栓孔		遇水膨胀橡胶圈
手孔	上半环	不封堵，外露螺栓采用喷锌防护后涂刷底涂料
	下半环	AEA 微膨胀水泥砂浆封堵
进出洞	临时接头	设置铰链式出洞装置临时止水
	永久接头	后浇环梁两侧施工缝采用全断面出浆的注浆管＋遇水膨胀止水胶
联络通道		EVA 塑料防水板＋注浆系统

图名	苏州轨道交通 4 号线（一）	图号	FS6-5（一）

3. 部分防水节点构造

(1) 明挖车站标准段防水构造见图（a），车站外防水层现场施工照片见图（b）。

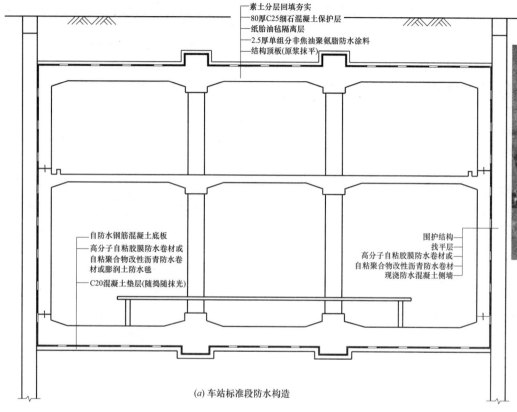

(a) 车站标准段防水构造

(b) 车站外防水层现场施工照片

| 图名 | 苏州轨道交通4号线（二） | 图号 | FS6-5（二） |

（2）出入口通道防水层预留做法见图（a），通道防水层预留现场照片见图（b）。

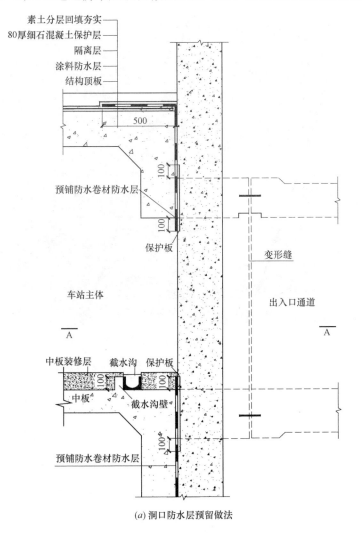

(a) 洞口防水层预留做法

(b) 洞口防水层预留现场照片

| 图名 | 苏州轨道交通 4 号线（三） | 图号 | FS6-5（三） |

(3) 诱导缝排水槽防水构造见图（a），诱导缝排水槽现场照片见图（b）。

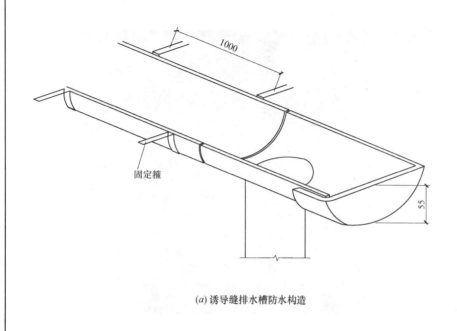

(a) 诱导缝排水槽防水构造

(b) 诱导缝排水槽现场照片

| 图名 | 苏州轨道交通4号线（四） | 图号 | FS6-5（四） |

（4）变形缝接水盒防水构造见图（a），接水盒预留凹槽现场照片见图（b）、图（c）。

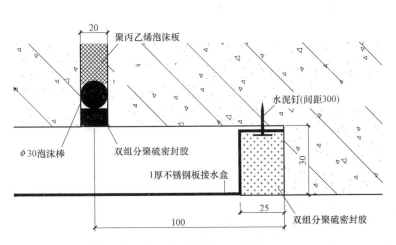

(a) 变形缝接水盒防水构造

(b) 接水盒预留凹槽现场照片(一)

(c) 接水盒预留凹槽现场照片(二)

| 图名 | 苏州轨道交通4号线（五） | 图号 | FS6-5（五） |